子ども にかかる お金の超基本

ファイナンシャルプランナー 坂本綾子

河出書房新社

はじめに

子どもを育てるにはお金がかかると思っている人は多いことでしょう。実際、基本的な衣食住以外にも、様々な費用が発生します。子どもへの期待と、子ども自身の体質・性格・能力も重なり、子どもへのお金の使い方には家庭ごとの個性も表れます。

とはいえ、子どもにかけてやりたいすべての費用を、余裕をもって出せる家庭は多くはないでしょう。お金を使わずにできることは何かを考えたり、お金を出す優先順位を付けたりすることが必須です。

わが子にとって大事な費用、例えば私の場合は高等教育の費用と子どもの得意なことを伸ばす費用でしたが、これらをなんとしても工面するには他の費用とどうメリハリをつけるか。子育て全体でどんなお金がかかるかを把握しておくと判断がしやすくなります。

この本は、いつ頃、どれくらいお金がかかるか、どんな支援があるかをまとめたものです。家計の状況や、親子それぞれの希望に沿いながら、子育てのお金を上手に使っていく手助けになれば幸いです。

ライフイベント

0歳　1歳　2歳　3歳　4歳　5歳　6歳　7歳　8歳　9歳

妊娠・出産 ／ （保育園） ／ 幼稚園 保育園 ／ 小学生（低学年）

かかるお金

- 妊娠・出産：平均20万円（妊娠から出産まで（出産育児一時金を差引後の自己負担分））
- （保育園）：子どもを預けるかどうかで異なる
- 幼稚園・保育園：月平均 1万4千円〜2万6千円（入学準備の費用は別途5〜10万円）
- 小学生（低学年）：月平均 3万円弱〜14万円

公的支援

- 妊婦健診の助成・出産育児一時金
- 会社員なら出産手当金と育児休業給付金
- 幼児教育・保育の無償化
- 児童手当※

※は親の所得に制限があるもの

家計管理と資産形成

- 大学等の教育資金を貯め始める
- 生命保険の見直し
- 子どものお金への興味を確認しながら定額制のおこづかいを渡し始める
- 子ども名義の銀行口座におこづかいを貯めることを体験させる

24歳 23歳 22歳 21歳 20歳 19歳 18歳 17歳 16歳 15歳 14歳 13歳 12歳 11歳 10歳

小学生（高学年）

月平均3万円～14万円

中学生

月平均4万5千円～12万円

高校生

月平均4万3千円～8万8千円

大学生

進学先により異なり年間60万円程度から

自立または大学院等

費用は、全国平均の調査データやアンケートをもとに算出したものです。進路と、家庭の判断で払う習い事や塾の費用のかけ方により違ってきます。

子どもの適性や個性が表れてくる時期。学校外教育費をどう使うかがポイント

修学援助費※

高等学校等就学支援金と私立高校生への上乗せ※

給付奨学金と授業料の減免※

大学などの高等教育費用の貯めどき。習い事やレジャー費はメリハリをつけて

教育費の山場

家庭でお金の話をしやすい雰囲気を心掛ける

キャッシュレス決済、外出先でのお金の使い方に注意を

おこづかいの収支管理や詐欺被害を防ぐためのお金の話を家庭で

18歳の誕生日を迎えると成人

1月1日時点で18歳の年からNISA口座を開設できる。子ども自身の資産形成のスタート

国民年金に加入

2037	2038	2039	2040	2041	2042	2043	2044	2045	2046	2047	2048	2049	合計	
46	47	48	49	50	51	52	53	54	55	56	57	58		
44	45	46	47	48	49	50	51	52	53	54	55	56		
15	16	17	18	19	20	21	22	23	24	25	26	27		
				30（受験費用）		100（留学）							130	太郎合計
				82	54	54	54						244	374万円
12	13	14	15	16	17	18	19	20	21	22	23	24		
							30（受験費用）						30	花子合計
							157	132	132	132			553	583万円
				112	54	154	241	132	132	132			957万円	
			100			100							うち学資保険で200万円	
	太郎高校・花子中学校入学			太郎大学・花子高校入学			花子大学入学							

貯蓄目標

太郎 374万円 ➡ 学資保険で100万円、積立で300万円（計400万円）を目標に貯める。
0歳からなら月々は保険料＋積立1万3000円程度≒1万8000円程度

花子 583万円 ➡ 学資保険で100万円、積立で500万円（合計600万円）を目標に貯める。
0歳からなら月々は保険料＋積立2万3000円程度≒2万8000円程度

➡ 2人分の4万6000円を毎月貯蓄に回せる？

教育資金準備シート　記入例

年度	2023	2024	2025	2026	2027	2028	2029	2030	2031	2032	2033	2034	2035	2036
父（保護者）	32	33	34	35	36	37	38	39	40	41	42	43	44	45
母（保護者）	30	31	32	33	34	35	36	37	38	39	40	41	42	43
第1子 太郎	1	2	3	4	5	6	7	8	9	10	11	12	13	14
予算														
学費の目安	公立高校から国立大学へ													
第2子 花子				1	2	3	4	5	6	7	8	9	10	11
予算														
学費の目安	公立高校から私立大学理系へ													
合計														
学資保険	（それぞれ18歳満期、満期金100万円の学資保険に加入）													
メモ							太郎小学校入学			花子小学校入学			太郎中学校入学	

記入のポイント

◉子どもと親（保護者）の年齢を確認。現役時代に教育費の支出が終わるか。

◉高校まではその年の家計から出すのが原則、大学等以降に必要な学費を記入する。

◉子どもが2人以上いるなら、費用が重なる時期の確認。

◉受験費用など家庭の判断で増減できる費用は予算を決めて記入する。

◉何年かに一度見直す。

													合計	

教育資金準備シート

書き込み用

年度														
父（保護者）														
母（保護者）														
第1子														
予算														
学費の目安														
第2子														
予算														
学費の目安														
第3子														
予算														
学費の目安														
合計														
学資保険														
メモ														

目次

第3章

第4章

第5章

第6章

第7章

高校

第8章

大学

マメ知識

Column

図・イラスト＝松岡未来（ヤング荘）

第1章

妊娠から出産まで

妊娠から出産まで 1

妊娠したらかかるお金

新しい命は社会にとっても財産 公的支援を活用しよう

もしや……と検査をして妊娠がわかったとき、喜びだけではなく不安もよぎることでしょう。

妊娠・出産は病気ではないので、健康保険は使えません。健診や出産の費用は全額を自己負担します。ただし、かなりの部分を公的支援で補うことができ、会社員か、専業主婦か、個人事業主かなど、立場により受けられる支援が違います。公的支援を受けるには、住んでいる自治体に妊娠を届け出ます。「母子健康手帳」が交付され、妊婦健診の補助券などを受け取れます。

子育てを社会全体で支える仕組みが整えられつつありますから、しっかり活用したいですね。

標準的な“妊婦健診”の例

	妊娠初期～23週	妊娠24週～35週	妊娠36週～出産まで
健診回数 1回目が8週の場合	1・2・3・4	5・6・7・8・9・10	11・12・13・14
受診間隔	4週間に1回	2週間に1回	1週間に1回
毎回共通する基本的な項目	●**健康状態の把握**…妊娠週数に応じた問診・診察など ●**検査計測**…妊婦さんの健康状態と赤ちゃんの発育状態を確認するための基本検査 ●**保健指導**…妊娠期間を健やかに過ごすための食事や生活に関するアドバイス		
必要に応じて行う医学的検査	●血液検査 ●子宮頸がん検診 ●超音波検査など	●血液検査 ●超音波検査など	●血液検査 ●超音波検査

厚生労働省の資料をもとに作成

＋1point!

2人目不妊などで治療したいなら健康保険が使える！

43歳未満の女性が推奨度の高い不妊治療を受ける場合は健康保険が適用となります。男性（年齢問わず）の不妊治療も対象です。詳細は80ページ。

マタニティウェアなど自分で払う分をしっかり管理

妊娠中は定期的に健診を受けます。1回あたり数千円程度。自治体によりますが、補助券で一定額まで支援するパターンが多いようです。超える分があれば自己負担になります。意外とかかる通院の交通費も計算しておきましょう。マタニティウェアは外出の多い人ほど複数枚必要になるものの着用期間は短いですね。購入するとそれなりの費用がかかるので、友人に譲ってもらう、出産後には授乳服として着られるタイプを選ぶなど工夫を。安産のためのマタニティスイミングなどはスクールに通うなら月数千円程度です。

妊娠中に、もし病気になったら、その治療には健康保険が使えます。治療費が高額になった場合は、医療費控除や高額療養費制度により、お金が戻るケースもあるので、確認しましょう（24～27ページ参照）。

妊娠がわかってから出産直前までにかかるお金

内容	金額の目安	自己負担になるお金
妊娠検査	5000円～2万円程度。	全額を自己負担。
妊婦健診14回	健診の内容により5000円～1万円程度。	補助券の助成額※以内なら自己負担なし。超えた場合はその分と、受診のための交通費は自己負担。
マタニティウェア	3000円程度～。体形が変化するのでマタニティ用の下着も必要。	全額を自己負担。
健康維持の費用	スイミング、ヨガなどのスクールは月数千円程度。	全額を自己負担。
妊娠中の病気	妊娠中になりやすいのは妊婦高血圧症候群、つわり、貧血など。	健康保険により医療費の3割を自己負担。
母親学級、両親学級への参加	自治体の講座は、通常は無料。	交通費は自己負担。
里帰りの交通費（里帰り出産の場合）	帰省先までの距離による。	全額を自己負担。

※ 助成額の例：1回目は上限1万850円、2～14回目は1回あたり上限5070円、超音波検査（1回）上限5300円（いずれも上限以下の場合は実質額、世田谷区の場合）など

妊娠から出産まで 1

赤ちゃんを迎える準備

新品？ 中古？ レンタル？ 総額の予算を決めて、やりくり

妊娠が安定期に入ったら、出産後に使うものの準備を始めます。ベビー用品だけでなく、お母さんが体形を戻すための補正下着なども予算に組み入れておきましょう。全部を新品で揃えると10万円前後かかるでしょう。フリマアプリで中古品を探して買うなど安く抑える工夫を考えましょう。

直接肌に触れるから新品にしたい、中古でも気にならない、こういった感覚は人それぞれ。合計でいくらまでと予算を決めて、その範囲でメリハリをつけて選択を。利用期間が短く、保管に場所を取るベビーベッドは、費用も安くすむレンタルを選ぶ人が多いようです。ベビー用品は

産後の衣類とベビー用品（購入した場合）

準備するもの			金額（単価）の目安	総額の目安
母親用	衣類	入院時のパジャマや下着類、産後の補正下着、授乳ができる服など	1000円～	1万5000円～2万円
赤ちゃん用	衣類	肌着、ベビーウエア、靴下など	500円～	5万円～20万円
	家具	ベビーベッド、収納ボックスなど	5000円～	
	寝具	布団、防水シート、タオルケットなど	1000円～	
	授乳用品	粉ミルク、哺乳瓶、哺乳瓶消毒器など	500円～	
	おむつ類	布おむつ、紙おむつ、おしりふきなど	500円～	
	お風呂用品	バスタオル、ベビーバス、ベビーシャンプー、ガーゼなど	500円～	
	外出用品	抱っこひも、ベビーカー、チャイルドシートなど	数千円～	

※ 金額はあくまで目安です

様々なものがレンタルできます。

まずは必要最小限にして、出産後の状況を見ながら足していくのが無駄使いをしないコツ。ただし、新生児の世話は大変なので、出産前に情報収集して、どこで買うのか、借りるのか候補を決めておきます。

親しい間柄で出産祝いをもらえそうな人には、欲しいものを事前に伝えて協力してもらいましょう。

妊娠・出産時の家計管理

準備の費用は20万円までの人が多いようです（下図）。これに妊婦健診の自己負担分や交通費、出産時の入院費用（次ページ参照）などを合わせると数十万円になるケースも。貯蓄残高をもとに、上限を決めて使うのがポイントです。ざっくりでいいので、使ったお金、もらったお金を記録しておきましょう。妊娠すると、新しい支出が増えます。これを機に家計管理を始めましょう。

出産準備品の購入総額は平均14万円

出産準備品の購入総額はいくらかかりましたか？

対象データ：0歳児の母親（684名）の回答

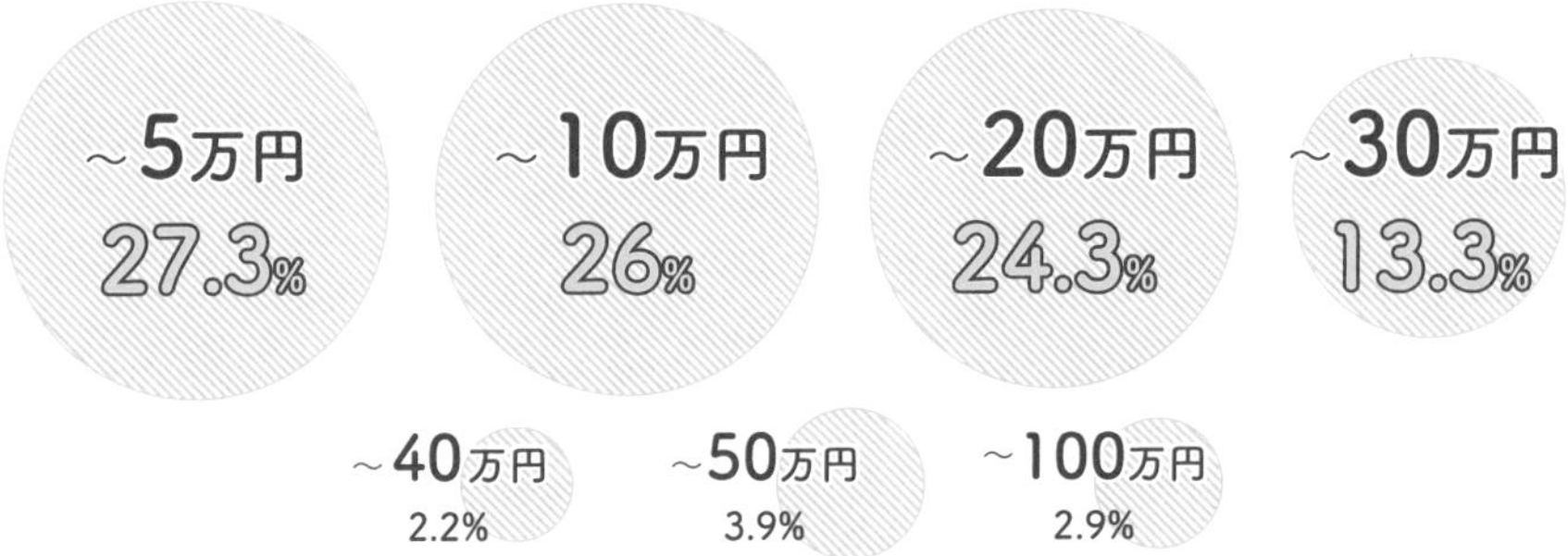

親育子育ラボ「出産・育児費に関するアンケート」2021年10月調査より

レンタル商品の金額の目安

ベビーベッド

6か月 **5000円** 程度～

ベビーラック

6か月 **1万円** 程度～

ベビーバス

3か月 **1500円** 程度～

妊娠から出産まで 1

出産にかかるお金

施設や地域により差があり 平均は46万円

子どもをどこで産むか、出産時の緊急事態に備えて総合病院がいい、自宅から近い産科専門医院がいい、家庭的な助産所がいい……。

大きく分けると、公立病院※、私立病院※、診療所（医院）があり、施設により出産費用は異なります。私立病院は、公立より高めです。地域によっても異なり、公立病院の場合、東京都は約54万円、沖縄県は約34万円と20万円もの差。全施設の全国平均は約46万円です（下図）。

妊婦健診を受けて経過がわかっている施設で産むのが一般的です。出産を前提に施設を選びます。里帰り出産なら、早めに出産する病院を決めて予約しましょう。

※病院はベッド数が20床以上の医療機関を指す。

施設による出産費用（平均値）

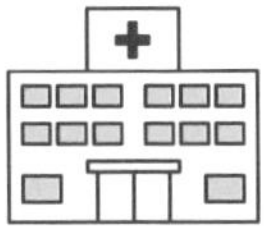

公立病院
44万3776円

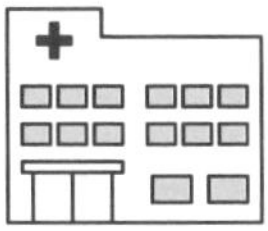

私立病院
48万1766円

診療所（助産所を含む）
45万7349円

全施設の全国平均 46万0217円

公立病院の出産費用（平均値）

全国	44万3776円
北海道	39万4803円
宮城県	47万3158円
東京都	53万6884円
愛知県	45万0554円
大阪府	41万9305円
福岡県	41万1166円
沖縄県	34万2826円

出産費用の内訳（全施設の全国平均）

入院料	11万5047円
分娩料	26万6470円
新生児管理保育料	4万9980円
検査・薬剤料	1万3880円
処置・手当料	1万4840円
合計	46万0217円

第136回社会保障審議会医療保険部会　資料1-2「出産育児一時金について」（厚生労働省）より（令和元年度速報値）

出産育児一時金を出産費用にあてられる

手続きをすれば、健康保険から42万円（2023年4月より50万円の予定）の出産育児一時金（次ページ参照）をもらえるので、これをあてられます。実際にかかったのが42万円以下でも42万円もらえます。42万円以上なら超えた分が自己負担に。

食事が豪華、個室を選べる、家族も一緒に泊まれるなど特徴のあるサービスを提供するため費用が高い産院もあります。出産費用が高い施設や地域だと自己負担が増えます。

出産費用の内訳は前ページの通りですが、正常分娩ではない場合、例えば帝王切開での出産なら、健康保険の対象となります。入院時にタクシーを使うケースもあるでしょう。

出産費用の中には医療費控除の対象になるものがあるので、領収書やレシートは全部取っておき、領収書のない交通費は家計簿にメモを。

医療費控除と妊娠・出産の費用

医療費控除の対象

対象となる費用※

- 不妊治療
- 医療機関での妊娠検査
- 妊娠と診断されてからの健診や検査の費用（補助を受けた場合は実際に支払った金額）
- 通院費（レシートがない交通費はメモを）
- 出産で入院する際のタクシー代（電車など通常の交通手段が困難な場合）
- 入院費（入院料、分娩料等）
- 入院中の食事代（入院費の一部として支払ったもの）
- 妊娠中の病気や正常分娩ではない場合の保険診療の医療費
- 産後1か月健診

など

対象にならない費用

- 薬局で買った妊娠検査薬
- 里帰り出産の交通費
- 自分で選択した個室費用（差額ベッド代）
- 車で通院した場合のガソリン代や駐車場代
- 入院のために買った洗面用具

など

※ ただし出産育児一時金等を受け取ったら、その分を差し引く。出産手当金（38ページ参照）は引かなくてよい。

出産育児一時金の仕組みと手続き

出産育児一時金は、加入している「健康保険」や「国民健康保険」から支給されます。子ども1人につき42万円。双子なら84万円です。2023年4月から50万円に拡充される予定で、「出産・子育て応援交付金」10万円も検討されています。

出産する人の負担を軽くするため「直接支払制度」という仕組みがあり、導入している医療機関なら、本人に代わって出産育児一時金の申請と受け取りを行います。これを使うと自分で手続きをしたり、出産費用として大きなお金を用意したりせずにすみます。出産費用が42万円を超えたら超えた分だけを医療機関に払います。42万円以下なら、加入している健康保険に差額を請求できます。

出産育児一時金は、妊娠4か月以上なら早産、死産、流産などにも支給されます。

出産育児一時金の仕組み（直接支払制度の場合）

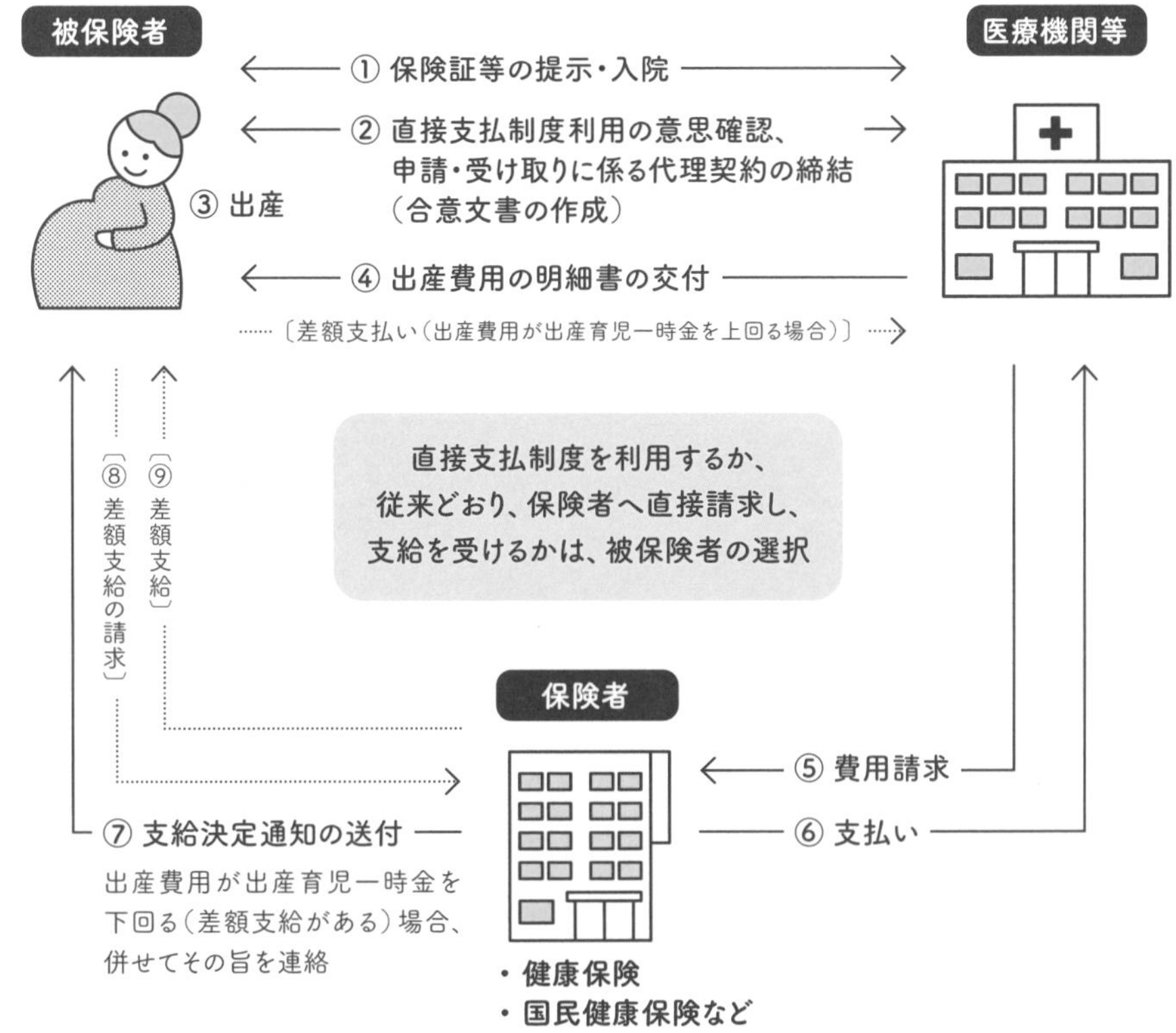

第136回社会保障審議会医療保険部会　資料1-2「出産育児一時金について」（厚生労働省、令和元年度速報値）より作成

出産育児一時金から出産費用を借りられる

　直接支払制度を利用しない場合や、自宅、海外で出産した場合は、いったん出産費用の全額を自分で支払い、加入する健康保険に必要書類を提出して出産育児一時金を受け取ります。
　出産費用を用意するのが難しいなら、出産育児一時金をもらう予定の人は、受け取りまでの間、出産育児一時金の8割程度を健康保険から無利子で借りることができます。申し込みは加入する健康保険に。

＋1point!

赤ちゃんの脳性麻痺に備える産科医療補償制度

通常の妊娠・出産で、先天的な病気もないのに、出産で脳性麻痺になった赤ちゃんとその家族の経済的な負担を保障するのが産科医療補償制度です。100％近い医療機関が加入していて、もしものときは数百万円の一時金や分割金を受け取れます。出産が近づいた時期に医療機関から説明を受けるはずですが、なければ聞いてみましょう。

出産育児一時金の直接支払制度を利用する手順

直接支払制度を利用することを医療機関に意思表示

↓

出産

↓

医療機関が請求して受け取る

↓

出産費用が**42万円未満**なら

↓

加入する健康保険から差額支給の連絡が入る

↓

加入する健康保険に差額の請求

↓

差額の受け取り

出産費用が**42万円以上**なら

↓

超えた分を医療機関に支払う

直接支払制度を利用しない場合

直接支払制度を導入していない医療機関で出産した、海外や自宅で出産したなど

出産

↓

出産が確認できる書類、出産費用の領収書や明細などを添付して加入する健康保険に申請する

↓

受け取り

注意！

出産育児一時金をもらう権利は、出産の翌日から2年。これを過ぎると時効で権利が消滅する。2年以内に申請を

妊娠から出産まで 1

知っておきたい医療費控除

医療費が多かった年は申告すると税金が戻る

1年間の医療費が世帯で10万円※を超えたら、超えた分を医療費控除することで税金が戻ってきます。出産費用の中には医療費控除の対象になるものがありますし、これから家族として暮らす中で医療費がたくさんかかる年があるかもしれません。

税金計算と所得控除の仕組みを知っておきましょう。

税金は、収入から必要経費や所得控除を引いた後の課税所得に税率をかけて計算します。所得控除をもれなく行い課税所得を減らすのが税金を少なくするポイント（下図）。医療費控除は所得控除のひとつです。その年に、所得控除できるものがあるなら、忘れずに申告を。

※所得が200万円未満なら所得金額の5％

税金計算と所得控除

1年間（1/1～12/31）の収入
会社員：源泉徴収票の「支払い金額」
個人事業主：売上

必要経費
会社員は給与所得控除
給与収入に応じて一律に
決まっている

所得

所得控除

課税所得
所得税・住民税はこれに
税率をかけて計算する

その人の状況に応じて
いろいろな控除を使える
医療費控除もここで引く

課税所得を減らせる所得控除の例

医療費控除	本人と生計を一にする家族の分を合計して年間の医療費が10万円を超えたら、超えた分を控除できる	確定申告
生命保険料控除	一般の生命保険、医療・介護保険、個人年金保険に入っているなら、合計で最高12万円を控除できる	会社員は年末調整でもできる
地震保険料控除	地震保険に入っているなら、最高5万円を控除できる	
小規模企業共済等掛金控除	iDeCo（個人型確定拠出年金）や小規模企業共済に入っているなら、掛金の全額を控除できる	

戻る税金の目安は控除額×税率

医療費控除は、医療費がかかった年の翌年3月15日までに確定申告で行います。

出産費用を医療費控除する場合の計算例は下の通り。戻ってくるのは所得税と住民税で、金額の目安は、控除した金額×税率です。

ただし、戻るのはあくまで払った税金の額まで。住宅ローン控除やふるさと納税など他の控除で税金を減らしている人は、事前に戻る税金があるか確認を。所得税の戻り分は確定申告の1か月後を目安に指定した口座に振り込まれます。住民税は収入があった年の翌年払いなので、翌年の住民税が安くなります。

会社員は、生命保険料控除など年末調整でできる控除もありますが、医療費控除は確定申告が必要。確定申告は住所を管轄する税務署に行くか、郵送やネットでもできます。

所得税の税率と計算方法

課税所得 × 税率 − 控除額 ＝ 所得税額

課税所得	税率	控除額
1000円～194万9000円まで	5%	0円
195万円～329万9000円まで	10%	9万7500円
330万円～694万9000円まで	20%	42万7500円
695万円～899万9000円まで	23%	63万6000円
900万円～1799万9000円まで	33%	153万6000円
1800万円～3999万9000円まで	40%	279万6000円
4000万円 以上	45%	479万6000円

住民税の税率と計算方法

住民税の税率は一律10%（市区町村6%＋都道府県4%）

課税所得 × 10%（市区町村6%＋都道府県4%） ＋ 均等割り5000円※ ＝ 住民税額

※ 本来4000円だが、2023年度まで復興財源として1000円が上乗せされている。均等割りは自治体により多少金額が異なる

出産費用を医療費控除する場合の計算例

出産費用の合計
- 妊娠中の病気や出産時に帝王切開したなどの医療費がかかった場合は合計する
- 入院時のタクシー代等（21ページ参照）も含める

※同じ年に他にも医療費がかかったら合算する

−

- 出産育児一時金
- 高額療養費
- 民間の医療保険からの給付金

− 10万円 ＝ 医療費控除の額

例① 医療費は出産費用のみ、給付は出産育児一時金のみ
出産費用65万円−出産育児一時金42万円−10万円＝13万円（医療費控除の額）

例② 同じ年に夫が入院して医療費が8万円、
民間の医療保険から3万円給付を受け取った
妻：**出産費用65万円−出産育児一時金42万円＝23万円**
夫：**医療費8万円−民間の医療保険の給付金3万円＝5万円**
（妻と夫の合計）**−10万円＝18万円**（医療費控除の額）

所得税率10%の人なら
住民税率10%と合わせて20%
医療費控除13万円なら
13万円×20%＝2万6000円
が税金が安くなる目安の金額
＊他の控除は考慮せず

妊娠から出産まで 1

知っておきたい高額療養費制度

医療費は月に一定額までの支払いですむ

子どもや現役世代は、公的医療保険により自己負担の医療費は2〜3割ですみます。とはいえ入院・手術などでは大きな金額になることも。

1か月（毎月1日から31日）の自己負担の医療費が上限額を超えたら、超えた分が戻るのが高額療養費制度です。出産も、帝王切開など保険診療の医療費が上限を超えたら対象に。

1か月あたりの自己負担の上限額は収入により下の表の通り。超えたら、加入する健康保険に必ず申請を。

1人1回では限度額を超えない場合でも、同じ月に別の病気などで医療費がかかった場合や、家族の医療費も1回2万1000円以上なら合算することができます。

医療費が上限額を超えたら高額療養費を申請しよう

〈 69歳以下の上限額 〉

所得区分	1か月の上限額（世帯ごと）
年収約1160万円〜	25万2600円＋（医療費－84万2000円）×1%
年収約770〜約1160万円	16万7400円＋（医療費－55万8000円）×1%
年収約370〜約770万円	8万0100円＋（医療費－26万7000円）×1%
〜年収約370万円	5万7600円
住民税非課税者	3万5400円

高額療養費を申請したら、医療費はどれくらい戻ってくる？

高額療養費の計算例（年収約370〜約770万円の場合）

100万円の医療費で、窓口の負担（3割）が30万円かかる場合

医療費 100万円

高額療養費として支給

30万円－8万7430円＝**21万2570円**

窓口負担 30万円

自己負担の上限額

8万0100円＋（100万円－26万7000円）×1%＝**8万7430円**

21万2570円が高額療養費として戻るので、実際の自己負担額は8万7430円。

支給までは3か月程度事前に手続きもできる

審査が行われるため、申請してから支給までは3か月程度かかります。入院などで上限を超えることがあらかじめわかっているなら、加入する健康保険から「限度額適用認定証」をもらっておき、医療機関の窓口で提示すれば、上限額までの支払いですみます。健康保険によっては、付加給付により上限額が下がる場合もありますから確認を。

高額療養費は月単位なので、月をまたいで医療費がかかり、月当たりが上限額以下なら対象になりません。緊急でなければ入院などの日程を調整することも検討を。12か月以内に3回以上、上限に達したら、4回目からは上限額が下がります（下図）。

申請の時効は2年。忘れている高額療養費があったら、さかのぼって申請もできます。医療費控除をするときは高額療養費を差し引きます。

4回目からの上限額

〈 69歳以下の場合 〉

所得区分	4回目からの場合
年収約1160万円〜	14万0100円
年収約770万〜約1160万円	9万3000円
年収約370万〜約770万円	4万4400円
〜年収約370万円	4万4400円
住民税非課税者	2万4600円

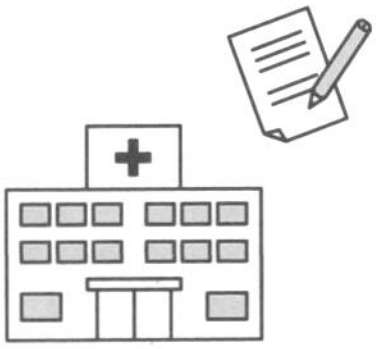

高額療養費は家族のどの範囲まで合算できる？

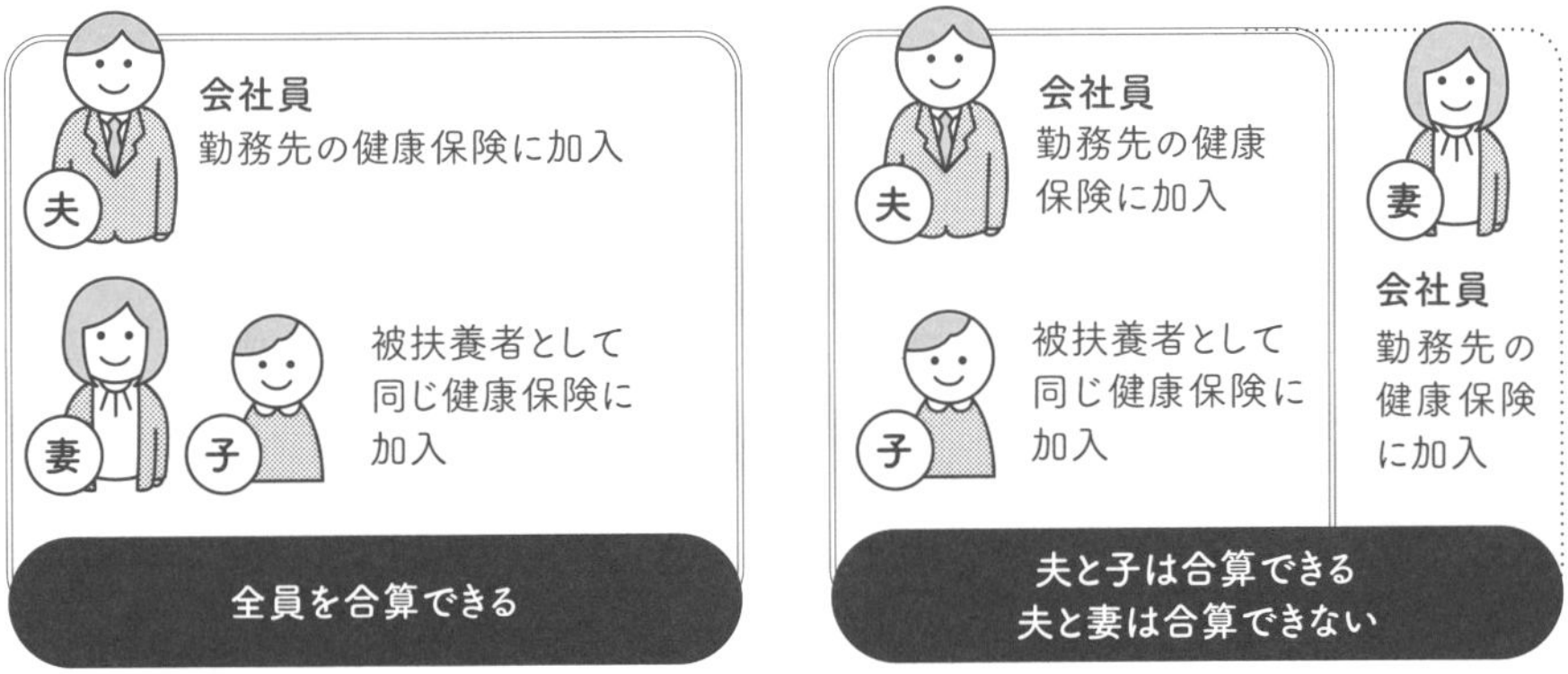

合算は同じ健康保険に加入していることが条件

妊娠から出産まで 1

子育て世帯は住民税に注目

公的な子育て支援は住民税額で決まるものが多い

子育て世帯は住民税額を知っておくことが大事。なぜなら、子育て世帯への公的な支援は住民税額をもとに決まるものが多いからです。保育料、高等学校等就学支援金、私立高校生への就学支援金の加算、大学生などへの奨学金制度など。

マイナンバーの普及で、マイナンバーを提出すれば自分で税額を記載しなくても申請できる制度が増えていますが、給付の目安としてパンフレットなどに書かれた税込みの年収はあくまで目安です。

もらえるのに、もらえないと思って申請しなかったり、申請した後でもらえないことがわかったりということにならないよう、毎年、確認を。

会社員が給与から住民税を天引きされる仕組み

会社員の給与天引きは6月から翌年5月まで

住民税は6月から翌年5月までの1年にわたって天引きされます。前年度から引き続き天引きされている人は、6月分から新年度の税額に変更になります。

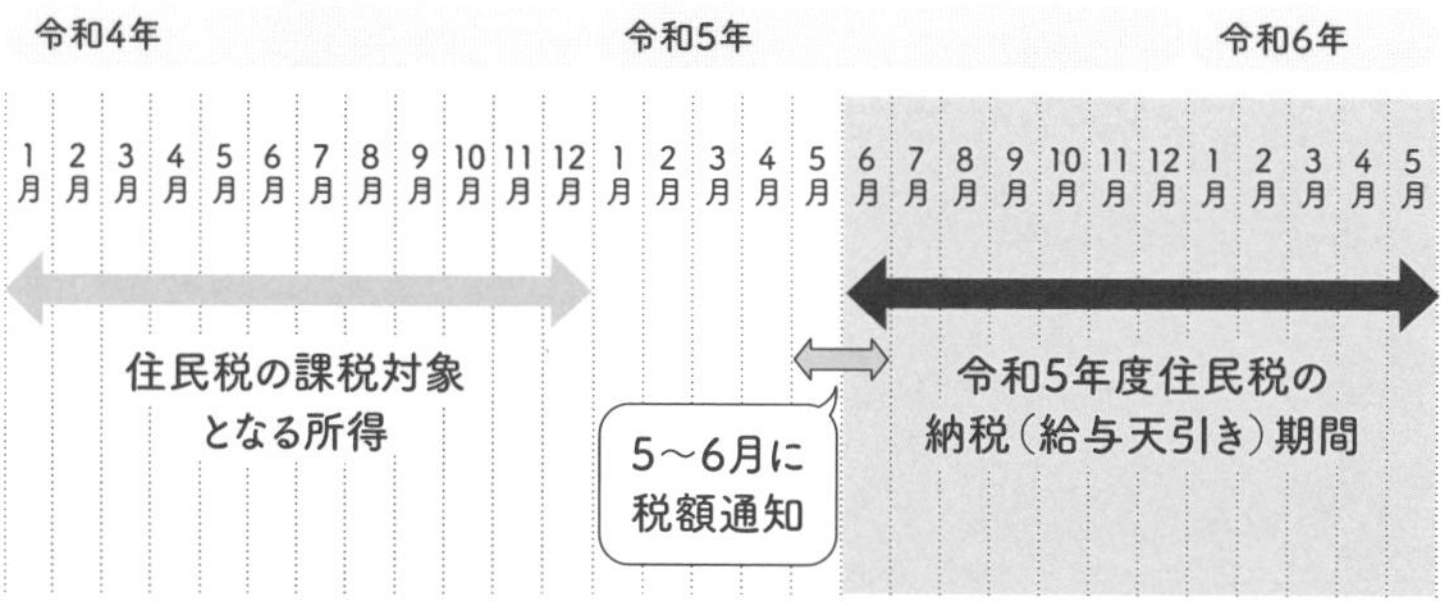

住民税決定通知書の見方
所得割額を確認

住民税は1月1日時点で住んでいた自治体に、その翌年、納めます。例えば2022年の収入をもとに計算した住民税は、2023年5月から6月にかけて住民税額を記載した通知書が送付され、2022年1月1日に住んでいた自治体に2023年6月から翌年5月まで納めます。

会社員は自治体から勤務先に通知がいき、給与天引きで納めるので、自分の住民税額をちゃんと把握している人は意外と少ないようです。勤務先経由で受け取る住民税決定通知書を毎年ちゃんと確認しましょう。

個人事業主は、やはり6月以降に自分で納付します。

住民税の計算方法は25ページで紹介した通りです。通知書を見るときに注目したいのが、給付の判断に使われることが多い所得割（課税）額です。確認しておきましょう。

住民税決定通知書の見方

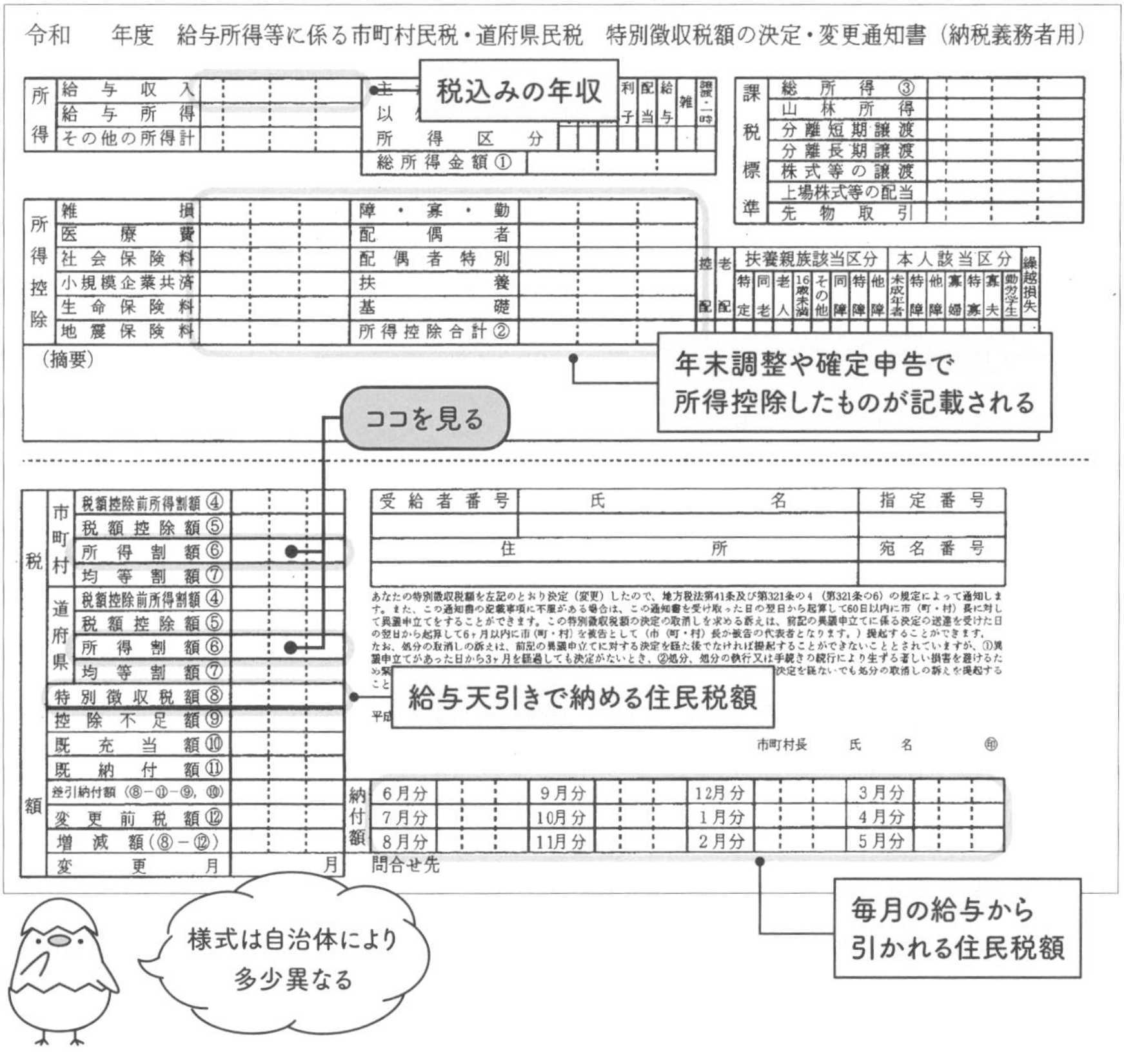
令和　年度　給与所得等に係る市町村民税・道府県民税　特別徴収税額の決定・変更通知書（納税義務者用）

所得：給与収入／給与所得／その他の所得計
主…以…／所得区分／利子／配当／給与／雑／譲渡・一時
総所得金額①
課税標準：総所得③／山林所得／分離短期譲渡／分離長期譲渡／株式等の譲渡／上場株式等の配当／先物取引
所得控除：雑損／医療費／社会保険料／小規模企業共済／生命保険料／地震保険料
障・寡・勤／配偶者／配偶者特別／扶養／基礎／所得控除合計②
控配／老配／扶養親族該当区分：特定／同老／老人／16歳未満／その他／同障／特障／他障／本人該当区分：未成年者／特障／他障／寡婦／特寡／寡夫／勤労学生／繰越損失
（摘要）

税額：市町村：税額控除前所得割額④／税額控除額⑤／所得割額⑥／均等割額⑦
道府県：税額控除前所得割額④／税額控除額⑤／所得割額⑥／均等割額⑦
特別徴収税額⑧／控除不足額⑨／既充当額⑩／既納付額⑪／差引納付額（⑧－⑪－⑨，⑩）／変更前税額⑫／増減額（⑧－⑫）／変更　月　月

受給者番号／氏名／指定番号
住所／宛名番号

あなたの特別徴収税額を左記のとおり決定（変更）したので、地方税法第41条及び第321条の4（第321条の6）の規定によって通知します。また、この通知書の記載事項に不服がある場合は、この通知書を受け取った日の翌日から起算して60日以内に市（町・村）長に対して異議申立てをすることができます。この特別徴収税額の決定の取消しを求める訴えは、前記の異議申立てに係る決定の送達を受けた日の翌日から起算して6ヶ月以内に市（町・村）を被告として（市（町・村）長が被告の代表者となります。）提起することができます。
なお、処分の取消しの訴えは、前記の異議申立てに対する決定を経た後でなければ提起することができないこととされていますが、①異議申立てがあった日から3ヶ月を経過しても決定がないとき、②処分、処分の執行又は手続きの続行により生ずる著しい損害を避けるため…決定を経ないでも処分の取消しの訴えを提起すること…
平成…
市町村長　氏　名　㊞

納付額：6月分／7月分／8月分／9月分／10月分／11月分／12月分／1月分／2月分／3月分／4月分／5月分
問合せ先

子育てに使える非課税制度

祖父母からもらった教育資金なら非課税

お金などの財産をもらうと贈与税の対象になり、贈与税は税率が高いのが特徴です（73ページ参照）。ただし、教育資金の贈与なら一定金額まで非課税になる特例があります。祖父母など直系尊属からの贈与で、贈与を受ける子どもは30歳未満。子ども1人当たり1500万円まで。

子ども名義の専用口座を、この制度を取扱う金融機関で開き、贈与のお金を一括で入金します。教育費に使ったら領収書などを提示して引き出せる仕組みです。子どもが30歳になった時点で使い残しがあれば、通常の贈与として贈与税がかかります。必要となりそうな金額を贈与してもらうのがポイントです。

直系尊属からの教育資金の一括贈与の非課税

手続き

金融機関で子ども（受贈者名義）の専用口座を開いて、贈与するお金を入金する。教育費として使ったことがわかる領収書などを提出してお金を引き出す

お金を渡す人（贈与者）

祖父母などの直系尊属

→

お金をもらう人（受贈者）

30歳未満の子や孫
（前年の所得が1000万円以下）

非課税で贈与できる期間

2023年3月末まで、ただし3年間延長される予定

非課税になる金額

もらう人1人当たり1500万円まで

対象になる教育資金の範囲

入学金、授業料、保育料、施設設備費、入学試験の検定料、学用品の購入、修学旅行費や学校給食費など学校の教育にともなって必要な費用。学習塾や習い事の費用、そのために必要な物品の購入費、通学定期代、留学の渡航費など。

結婚・妊娠・出産・子育てまで幅広く使える贈与の非課税特例

もうひとつ直系尊属から贈与を受けても非課税になる制度があります。18歳以上50歳未満の子や孫が、結婚や子育て資金としてもらう場合で、子や孫１人当たり１０００万円まで。

利用法は教育資金の非課税と同じで専用口座を開いて贈与するお金を一括で入金し、使った費用の領収書などを提示して引き出します。

その都度、生活費の一部として援助を受ける分には贈与税はかかりません（73ページ参照）。

この制度のメリットは、贈与された時点で、子や孫名義の資産になり、使い道が教育費や結婚・子育て費に限定されること。デメリットは、使い残しには贈与税がかかることです。

祖父母などからの支援はありがたいものですが、老後は長いので、無理のない範囲での贈与か、どう使うか、互いに確認し合いましょう。

直系尊属からの結婚・子育て資金の一括贈与の非課税

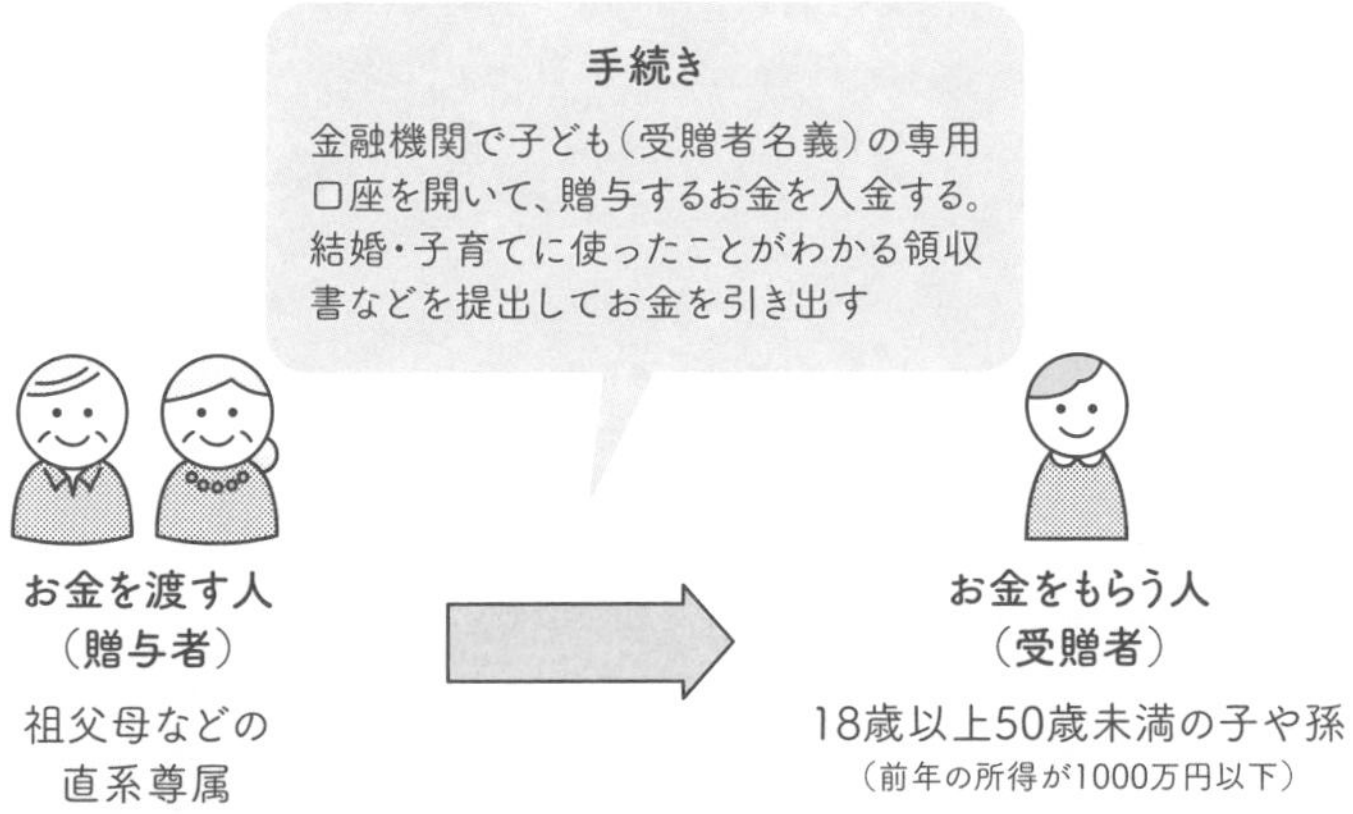

非課税で贈与できる期間
2023年3月末まで、ただし
2年間延長される予定

非課税になる金額
もらう人1人当たり
1000万円まで

対象になる結婚・子育て資金の範囲

結婚（挙式・衣装等の婚礼費用、新居の家賃・敷金、転居費用など。300万円が限度）、
妊娠・出産・育児：不妊治療、分娩、子どもの医療費、幼稚園・保育園等の保育料など
（子育て資金は、小学校就学前までの子どものみが対象）。

妊娠から出産まで 1

この時期のアクション

- [ ] 住んでいる自治体に妊娠届を出しましょう。
- [ ] 出産する医療機関を決めましょう。
- [ ] 出産育児一時金のもらい方を決めましょう。
  → 出産する医療機関が導入しているなら、直接支払制度がおすすめ。
- [ ] 直接支払制度を利用しない場合は、加入する健康保険に忘れずに申請しましょう。
- [ ] 出産後すぐに児童手当（36～37ページ参照）を請求できるよう、自治体の窓口やサイトで請求方法を確認しておきましょう。請求は窓口や郵送で、自治体によっては電子申請もできます。
- [ ] 会社員は出産手当金（38～39ページ参照）、育児休業給付金（40～41ページ参照）の仕組みを確認して申請の準備をしておきましょう。

第2章

0歳から3歳まで

1歳までの行事と費用

1歳までは手続きや行事が目白押し

出産後はいよいよ子育てが始まります。授乳、おむつ替え、予防接種、お散歩、離乳食づくり……。並行して、子どもに名前を付けて出生届を出すなどの手続きがあります。仕事をしている人は、復帰の時期を決め、子どもの預け先も探さなければなりません。赤ちゃんの健康状態や成長を確認する健診と、複数の行事をこなして1歳のお誕生日を迎えたらホッとすることでしょう。

生まれた子どもが自立するまでは約20年の長丁場。親だけで子育てを背負い込むのは大変です。行事などを通して親族や友人に赤ちゃんの誕生を伝え、協力してもらえる態勢づくりを考えたいですね。

行事は無理なく我が家流で

生まれたときは小さくて頼りなかった赤ちゃんが、日々成長していきます。1歳までの行事は、子どもの誕生を祝い、無事な成長を願うものが中心です。主なものを表（次ページ）にまとめました。

子どものための行事は親にとっても楽しみであり、祖父母などの親族と顔を合わせる機会でもあります。記念写真を見て、将来、なつかしく振り返ることになるでしょう。

とはいえ、特に初めての子育ての場合は、準備が大変かもしれません。手伝ってくれる親族とも相談して、体力的にも金銭的にも無理のない範囲で、自分たちらしく祝えばよいのではないでしょうか。

行事は全部するべき？どこまでお金をかける？

全部の行事をするか、どれくらいのお金をかけるかは、家計の状況に合わせて判断を。同じ行事でも選択次第で費用は違ってきます。

着る服はレンタル、フリマ、お下がりなどで安くすませる、記念の写真や動画は、写真館に頼む以外にも手持ちのスマホでも撮ることができます。会食をするなら、お店か、デリバリーか、簡単な手作りか……。

1歳までの行事ごとにお金のかけ方にメリハリをつけるのがおすすめです。

出産祝いへのお返しである内祝いの手配は、産後1～2か月の落ち着かない時期にあたるので、出産前に品物の目星をつけておくとラクです。

1歳までの手続きと行事

いつ?	手続き／行事	内容	費用
出生から14日以内（国外での出産は3か月以内）	出生届	医師や助産師の記入がある出生証明書が必要。住んでいる市区町村または出生地（里帰り出産の場合など）、本籍地へ届け出る。	無料
生後7日目	お七夜	赤ちゃんの誕生を祝い、名前を決めて披露する。行わない家庭も増えている。	客をよんだ場合はその費用数千円～数万円
出生した月内または生後15日以内	児童手当の手続き	住んでいる市区町村へ。詳細は36ページ。	無料
生後1か月以内	健康保険証、乳幼児医療費助成の手続き	1か月健診までに赤ちゃんの健康保険証を作る。親や世帯主が加入する各健康保険の窓口へ。併せて住んでいる自治体に、医療費の助成を受けられる乳幼児医療証も申請。	無料
生後1か月	1か月健診	赤ちゃんの発育状態と母親の健康状態を確認する。通常は出産した医療機関で行う。	数千円　健診費用と同額程度の補助を行う自治体が多い。
生後1か月（外出しやすい時期でも可）	お宮参り	赤ちゃんを連れて、土地の氏神様にお参りし、出産を報告する。祈禱を頼む場合もある。	祈禱を頼むなら神社へのお礼（初穂料）5000円～1万円、衣装のレンタル・購入代、交通費・食事代、記念撮影など合計で数万円。
産休開始以降、2年以内（出産後56日の産休終了時に一括請求するのが一般的）	出産手当金の請求（会社員）	詳細は38～39ページ。	無料
勤務先への育児休業の申し出は休業開始の1か月前までが目安。給付金の申請は休業開始から4か月以内	育児休業給付金の請求（会社員）	詳細は40～41ページ。	無料
生後1か月から2か月	内祝い	出産祝いへのお返し	受け取った金額や品物の3分の1～2分の1程度の品物
生後2か月～	予防接種	ロタウィルス、小児用肺炎球菌、四種混合、BCGなどの予防接種を、接種期間中に接種する。	期間中なら原則無料（自治体が負担）
生後100日頃	お食い初め	赤ちゃんが一生食べ物に困らないことを願い、お祝い膳を用意して食事をする（赤ちゃんは食べる真似）。	親族が集まってお祝いをするなら、その食事代など。数万円。
生後3か月	3～4か月健診	身体測定などを行い、赤ちゃんの発育を確認する。	無料（自治体が負担）
生後6か月	ハーフバースデイ	離乳食が始まる時期に生後6か月のお祝い。	親族が集まってお祝いをするなら、その食事代など。数万円。
生後6か月	6～7か月健診	身体測定などを行い、赤ちゃんの発育を確認する。	無料（自治体が負担）
生後9か月	9～10か月健診	身体測定などを行い、赤ちゃんの発育を確認する。	無料（自治体が負担）
生後12か月	1歳の誕生日	初めての誕生日。1年を振り返りつつ、これからの健康と成長を願う。	親族が集まってお祝いをするなら、その食事代など。数万円。
生後、最初の3月または5月	初節句	女の子は3月3日に桃の節句、男の子は5月5日に端午の節句。生後まもない場合は翌年に行うことも。	ひな人形やこいのぼりなど初節句の飾りは実家から贈るケースが多い。親族が集まって祝うなら、食事代など。数万円。

0歳から3歳まで

2

出産後すぐに手続きしたい児童手当

平均的な収入なら月1万〜1万5000円

子どもの誕生から中学卒業（満15歳の最初の3月末）までもらえるのが児童手当です。支給は1か月単位で、申請が遅れると、遅れた分はもらえません。満額をもらうには、出産した月内または出産後15日以内に「認定請求書」を住んでいる市区町村に提出します。もらえるかどうかは、家族構成と親の所得をもとに判定されます。

例えば、会社員で無職の配偶者と子ども2人なら年収960万円まで。子ども1人当たり月1万円〜1万5000円。子どもが2人なら2人分もらえて、第3子からは月額が上がります。所得制限限度額を超えても、所得上限限度額までの世帯なら特例給付があります（次ページの表）。

児童手当の上手な活用法将来の教育資金に

約15年間もらえる児童手当は、合計すると200万円前後（生まれ月により異なる）になります（第1子、第2子の場合）。国立大学の4年分の授業料（約216万円）に近い金額です。将来の教育費に備えて、児童手当とほぼ同額を貯めておくことをおすすめします。

うっかり使わないよう、生活費とは口座を分けて貯めるのがポイント。教育資金を貯めるのに向いている金融商品はいくつかあります（57ページ参照）。子どもが小さいうちに貯まる仕組みを作りましょう。

＋1point!

知っておきたい「15日特例」

児童手当は、1か月単位で、申請をした翌月からの支給です。ただし、子どもが生まれたり、他の市区町村から転入したりが月末近くで、月内の申請が難しいときは、出生日や転入日の翌日から15日以内に申請すれば、申請月の分から給付されます。

里帰り出産の場合も申請は現住所になるので、期限内の申請を忘れないように。

子ども1人当たりに給付される児童手当の月額

子どもの年齢	子ども1人当たりの月額		
	所得制限限度額内	所得上限限度額内	所得上限限度額を超える
3歳未満	一律1万5000円	一律5000円（特例給付）	支給なし
3歳以上小学校修了前	1万円（第3子以降は1万5000円）		
中学生	一律1万円		

支給のスケジュール

支給は、6月、10月、2月の年３回

4か月ごとに、前月までの4か月分を振り込み

児童手当の所得制限限度額と所得上限限度額

前年度の所得で判定する

共働きは、合計ではなく世帯主（通常は所得の多い方）で判定する

同一生計の配偶者と扶養親族、中学生以下の子どもの数（例）	所得制限限度額		所得上限限度額	
	所得	給与収入の場合の年収の目安	所得	給与収入の場合の年収の目安
0人（前年末にまだ子どもが生まれていない場合など）	622万円	833万3000円	858万円	1071万円
1人（子どもが1人の場合など）	660万円	875万6000円	896万円	1124万円
2人（子ども1人と年収103万円以下の配偶者の場合など）	698万円	917万8000円	934万円	1162万円
3人（子ども2人と年収103万円以下の配偶者の場合など）	736万円	960万円	972万円	1200万円
4人（子ども3人と年収103万円以下の配偶者の場合など）	774万円	1002万円	1010万円	1238万円

0歳から3歳まで 2

会社員が産休でももらえるお金

出産で仕事を休んだら日数分の出産手当金

会社員が出産のために仕事を休んで給与が支払われないときは、健康保険から出産手当金をもらえます。

出産前の42日間は、勤務先に請求すれば産前休業を取ることができます。出産の翌日から56日間は母体の回復のために仕事をすることが禁止されていて産後休業となります（ただし、医師が認めた場合は42日経過後であれば仕事ができます）。いずれも、法律で定められています。

この休業期間中は、給与が払われないのが一般的。経済的な支援として給付されるのが出産手当金です。

産前産後の合計で98日分。出産が予定日より遅れた場合は、遅れた期間も対象になります。出産が予定日

産前産後休業と育児休業のスケジュール

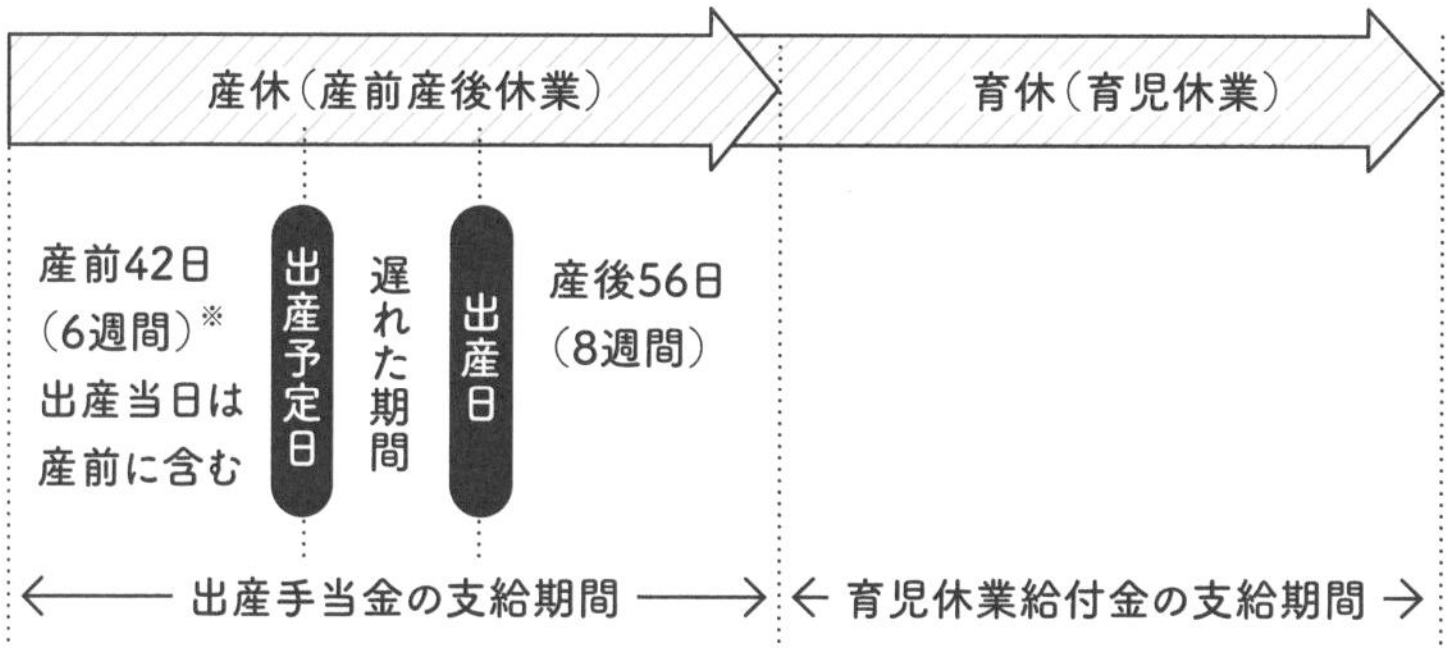

※双子以上は産前98日（14週）

＋1point!

産休・育休の期間は社会保険料が免除

産休・育休の間は、社会保険料（健康保険や厚生年金保険の保険料）が免除となります。勤務先を通して、年金事務所や健康保険組合に申し出をします。免除になっても、健康保険の給付は通常通り受けられます。また、将来の厚生年金の額も減ることはありません。

国民年金の加入者（第1号被保険者）も、出産予定日の前月から4か月間は国民年金保険料が免除されますが、将来の給付額が減ることはありません。

よりも早かった場合は、産前は実際の出産日以前42日が対象ですが、仕事をしていた日の分はもらえません。

出産手当金は給与の3分の2程度

もらえる金額は、通勤手当などを含む月収を日割り計算して日給を出し、その3分の2程度を休んだ日数分です（詳細は下の通り）。給与からは社会保険料や税金が天引きされますが、出産手当金は非課税で社会保険料も免除されるので、受取額は給与の手取りを少し下回る程度です。

正社員、契約社員、パートなどの雇用形態にかかわらず、健康保険に加入する会社員ならもらえます。加入する健康保険に申請します。権利は2年で時効なので、早めに手続きを。

残念ながら、個人事業主やフリーランスで国民健康保険に加入する人は、出産手当金をもらえません。

出産手当金をもらえる条件

- **自分で健康保険に加入している。**
  配偶者や親族の健康保険の被扶養者、国民健康保険の加入者は不可。
- **産休中に勤務先から給与をもらっていない。**
  給与をもらっている場合は、出産手当金の額よりも給与が多ければ出産手当金はもらえない。給与が出産手当金よりも少なければ、給与分を差し引いた出産手当金がもらえる。

出産手当金の金額

過去1年間の標準報酬月額（月収の目安）**から平均額を出し、これを30日で割って標準報酬日額**（日給の目安）**を計算。**

産休1日当たり、標準報酬日額の3分の2

例えば、標準報酬月額の平均が30万円なら
標準報酬日額は
30万円÷30日＝1万円
標準報酬日額の3分の2だから、
1万円×２／３＝6667（1円未満四捨五入）
産休1日当たりの給付額は**6667円**
産前産後の98日間（42日＋56日）休んだら
6667円×産休期間98日＝65万3366円

標準報酬月額とは

社会保険料の計算をする際、計算しやすいようにキリのいい数字に月収を置き換えた金額。

勤務先から支給される基本給に、通勤手当、残業手当などの各種手当を加えた1か月の総支給額（賞与を除く）を報酬月額といい、4月、5月、6月の3か月間の報酬月額の合計を3で割ったものを、等級表にあてはめて求める。例えば、報酬月額の平均が29万円以上31万円未満なら、標準報酬月額は30万円。

9月から翌年8月まで使う。翌年はまた同様に求めて使う。

0歳から3歳まで

2

会社員が育休でもらえるお金

育児で仕事を休んだら 育児休業給付金を最長2年

産休のあとは、子育てのために育休（育児休業）を取るのが一般的です。この間、勤務先から給与が支払われないと、雇用保険から育児休業給付金をもらえます。

期間は、子どもが1歳になるまで。産休から続けて育休を取る場合は、出産日を1日目として58日目が育休の開始日です。終了日は、子どもが満1歳の誕生日の前々日（民法では誕生日の前日に1歳になったとみなされるため）。1歳前に仕事に復帰した場合は、復帰日の前日です。

ただし、保育園に入園できないなどの場合は1歳半まで、1歳半でも入園できなければ最長2歳まで延長できます。

育児休業給付金をもらえる条件

- 育児休業を開始した日より2年前からの雇用保険加入期間が12か月以上※ある。
- 正社員でない場合は、育児休業開始時に、同じ会社で1年以上働いていて、かつ、子どもが1歳6か月になるまで働く予定であること
- 育休中に勤務先から給与をもらっていないこと。
  育休中の各1か月ごとに、休業開始前の1か月あたりの給与の80％以上の給与をもらっているなら、給付金はもらえない。給与と育児休業給付金の1か月の合計が80％を超えるときは超える分が減額される。

※ 育児休業開始の前日から1か月ずつ区切った期間に、勤務した日数が11日以上ある月を1か月とする

育児休業と育児休業給付金が延長できる条件

- 1歳から保育所に入れるよう申し込みを行っているが当面入れない場合は、1歳6か月まで延長できる。
- 1歳6か月から保育所に入れるよう申し込みを行っているが当面入れない場合は、2歳まで延長できる。

育児休業を取るには勤務先に申し出て、勤務先が申請します。

もらえる金額は給与の5割～7割弱

給付金の額は、当初１８０日は休業前の日給の67％、１８０日経過後は50％。通勤手当や残業代なども含めた給与（休業前６か月）をもとに日給を出して計算します。育児休業給付金は非課税です。出産した本人のみならず、配偶者も取ることができます。また条件を満たせば非正規社員も取ることができます。

２０２２年10月から「産後パパ育休」が新設されました。出生後８週間以内に４週間まで男性が取得でき、「出生時育児休業給付金」をもらえます。休業前６か月の賃金をもとに日給を出し、休業１日当たり、その67％。育休とは別に取れます。

育休、産後パパ育休は２回まで分割が可能。上手に活用したいですね。

産休・育休・産後パパ育休の取り方の例

2022年10月から、育児休業の2回分割が可能に。産後パパ育休も新設。詳細は勤務先に確認を。

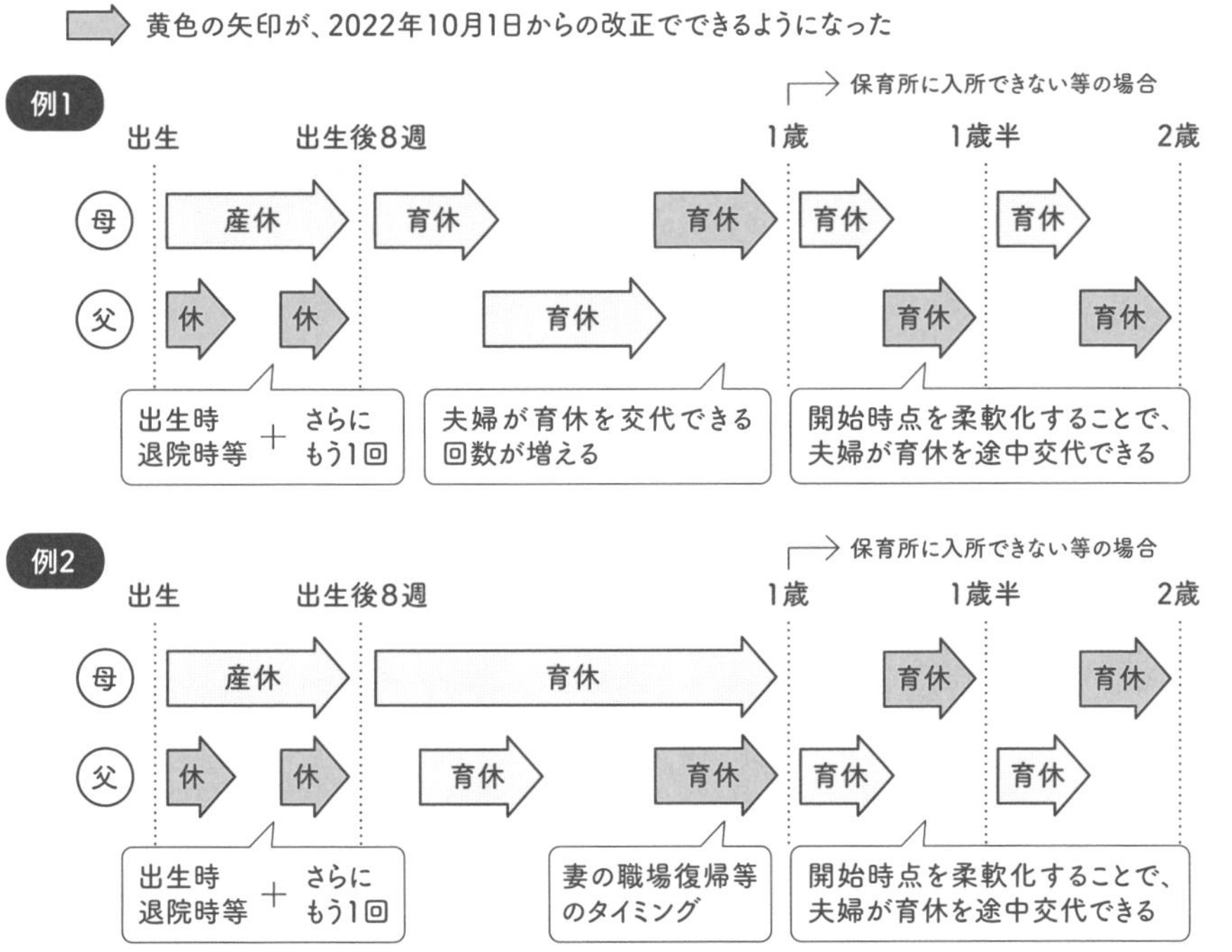

産後パパ育休 →新設（分割して2回取得可能）	育児休業 →夫婦ともに分割して2回取得可能	1歳以降の育児休業 →途中交代可能

「育児・介護休業法　改正ポイントのご案内」（厚生労働省）より作成

0歳から3歳まで 2

3歳までにかかるお金

成長にともない必要になる衣類や子育て用品

生まれてから3歳までの成長は著しいものがあります。動きが活発になり1歳前後には歩けるように。

子育て用品は、紙おむつや粉ミルクなどの消耗品の購入が日常になります。また、出産前に準備したベビー服は小さくなり、サイズの合う服を買い足して、外出用の靴や帽子、水着、防寒着など季節ごとの衣類も必要に。母親用も、授乳しやすい服や、赤ちゃんを抱っこしたまま着ることができるママコートなど買い足すものが出てくるでしょう。

3歳までには乳歯も生え揃って大人に近い食事ができる幼児に成長。出産前に準備して、3歳まで使えるものもありますが、買い足すものもかなりの数になるでしょう。なるべく安くすませる方法は、使う期間が短いものはレンタルにする、知り合いから譲ってもらうなど。

公園仲間など、子どもを通したお付き合いが始まり、交際費やレジャー費もかかってきます。ベビーシッターを利用するなら、料金は1時間数千円程度。自治体によっては助成があるので確認を。

3歳までの教育費

言葉を理解して話すようになるので、体を動かすことやおもちゃで遊ぶことに加えて、絵本を見たり、読み聞かせたりも始まります。

親子で参加するベビースイミングなど、習い事を始める家庭もありそうです。習い事の費用は、種類や教室により月額数千円から1万円前後。

乳幼児期の習い事は、多くは親子で参加する形でベビーリトミック、ベビーヨガ、幼児教室など。

なるべく安くすませたいなら、公共の施設を活用。本は図書館から借りる、親子で近所の公園に行って運動するなら、民間の教室よりも安くすみます。地域の児童館では、親子で参加できる子育て広場を運営するところも多いので、情報収集してください。

3歳までの子育て用品

消耗品

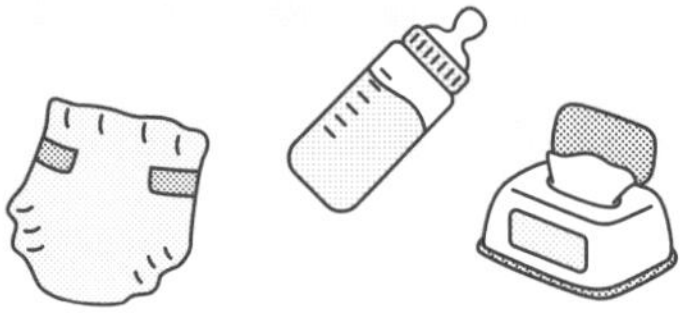

紙おむつ、粉ミルク、
おしりふきなど

金額の目安

月額数千円程度〜

衣類

サイズの合う肌着や服、帽子、
水着、コート、靴、手袋など

金額の目安

それぞれ
数百円〜、数千円〜など

自宅で使うもの

子ども用の食器、食事用のイスや
クッション、おもちゃ、絵本、
ベビーゲートやコンセントカバー
などの安全用品

金額の目安

それぞれ
数百円〜、数千円〜など

外出用

抱っこひも（5000円〜3万円程度）、
ベビーカー（2万円〜7万円程度）、
チャイルドシート（1万〜8万円程度）、
電動アシスト自転車（7万〜15万円
程度）など

金額の目安

合計数万円〜数十万円※

※ チャイルドシートや電動アシスト自転車等の購入者
に補助金を出す自治体もある

0歳から3歳まで 2

自治体の子育て支援

乳幼児の医療費は無料または安くすむ

子どもが突然熱を出した、転んで頭を打ったなど、病気やケガで医療機関に駆け込むことがあります。通常の治療なら健康保険証を見せることで、医療費の自己負担は2割ですみます。乳幼児の場合、この自己負担がさらに無料になったり安くすんだりします。乳幼児の医療費には助成制度があるからです。

制度は各市区町村が運営し、何歳までの子どもを対象にするか、無料か一定の金額（数百円程度）を支払うのか、保護者の所得制限があるかなどは自治体で異なります。制度の呼び方も自治体により異なります。

住んでいる自治体の助成の内容を確認しておきましょう。

住んでいる自治体の子育て支援は必ず確認

公的な子育て支援は市区町村が中心となって行っています。

医療費の助成の他にも、乳幼児健診や予防接種、外出時に授乳やおむつ替えができるスペースの整備、親子で遊べる地域の拠点作りなど。

情報は自治体のサイトに掲載されています。妊娠届を出した人に子育て支援関連のパンフレットを配布している自治体もあります。

保育所や幼稚園など子どものための施設の情報提供や、利用時の認定・調整も自治体の役割です。仕事をしている人は復帰後の子どもの預け先を確保するためにも、自治体からの情報収集が欠かせません。

仕事をしていなくても、急な用事やリフレッシュしたいときには、ベビーシッターを頼む以外に、幼稚園や保育園などでの「一時預かり」も利用できます。

乳幼児の医療費の助成を受けるには

➡ **医療機関の窓口で健康保険証と一緒に乳幼児医療証を提示する**

健康保険証と乳幼児医療証は
生まれたら1か月以内に、健康保険組合や
自治体に申請して受け取る
（1歳までの手続きと行事。35ページ参照）

子どもの医療費助成の例

自治体名	名称	親の所得制限	助成の内容
東京都 世田谷区	子ども医療費助成制度	なし	区内在住の中学3年生まで。健康保険診療の自己負担分と入院時の食事の自己負担分を助成
東京都 八王子市	乳幼児医療費助成制度 （マル乳医療証）	なし	市内在住の乳幼児（6歳の最初の3月末まで）。健康保険診療の医療費の自己負担分を助成（入院時の食事代は対象外）
北海道 札幌市	子ども医療費助成	あり	市内在住の中学３年生まで。小学生までは健康保険診療の自己負担分（通院・入院）を助成。ただし初診時に580円（歯科は510円）の一部負担金あり。中学生は入院時の自己負担分を助成。ただし住民税課税状況により一部負担金あり。
大阪府 大阪市	こども医療費助成制度	小学校修了まではなし、中学就学から18歳まではあり	市内在住の18歳（18歳の最初の3月31日）まで。保険診療の自己負担分の一部を助成。一部自己負担額が1医療機関ごと1日当たり最大500円（月2日限度、3日目以降の負担はなし）
福岡県 福岡市	子ども医療費助成制度	なし	市内在住の中学3年生まで。健康保険診療の自己負担分。ただし3歳以上中学生までの通院は1月当たり1医療機関につき500円まで負担金あり

（2022年6月24日現在）

自治体（地域）の子育て支援

教育・保育の場

幼稚園・保育所・
認定こども園・地域型保育
など

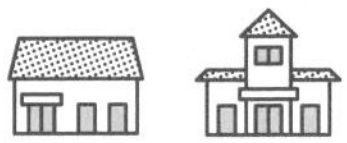

地域子育て支援拠点

親子の交流や
子育て相談ができる場所

乳児家庭全戸訪問

生後4か月までの乳児のいる家庭を訪問して子育て支援の情報提供など

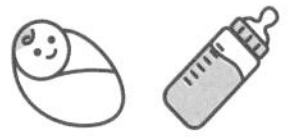

利用者支援

困りごとに合わせて
施設の紹介や情報提供

各自治体独自の支援

イベント開催や
祝い金の支給など

子どもを預ける［3歳未満］

所得が高いと保育料が高くなる

仕事をするために日常的に預けたいのか、用事などで一時的に預けたいのかにより、預け先の選択肢や料金が違ってきます。

必要とするすべての家庭が利用できる支援を目指して2015年に「子ども・子育て支援新制度」が始まりました。利用するにはまず認定区分を確認します（下の図）。

3歳未満は、仕事をしているなどの場合は3号認定となり、保育所、認定こども園、地域型保育※のいずれかを利用できます。保育料の月額は国が定める上限の範囲内（次ページの表）で市区町村が定めます。

急な用事などの場合は、認定なしで一時預かりを利用できます。

※地域型保育とは、保育ママや事業所内保育などを指す。

子どもを預ける施設を利用したいなら自治体の認定を受ける

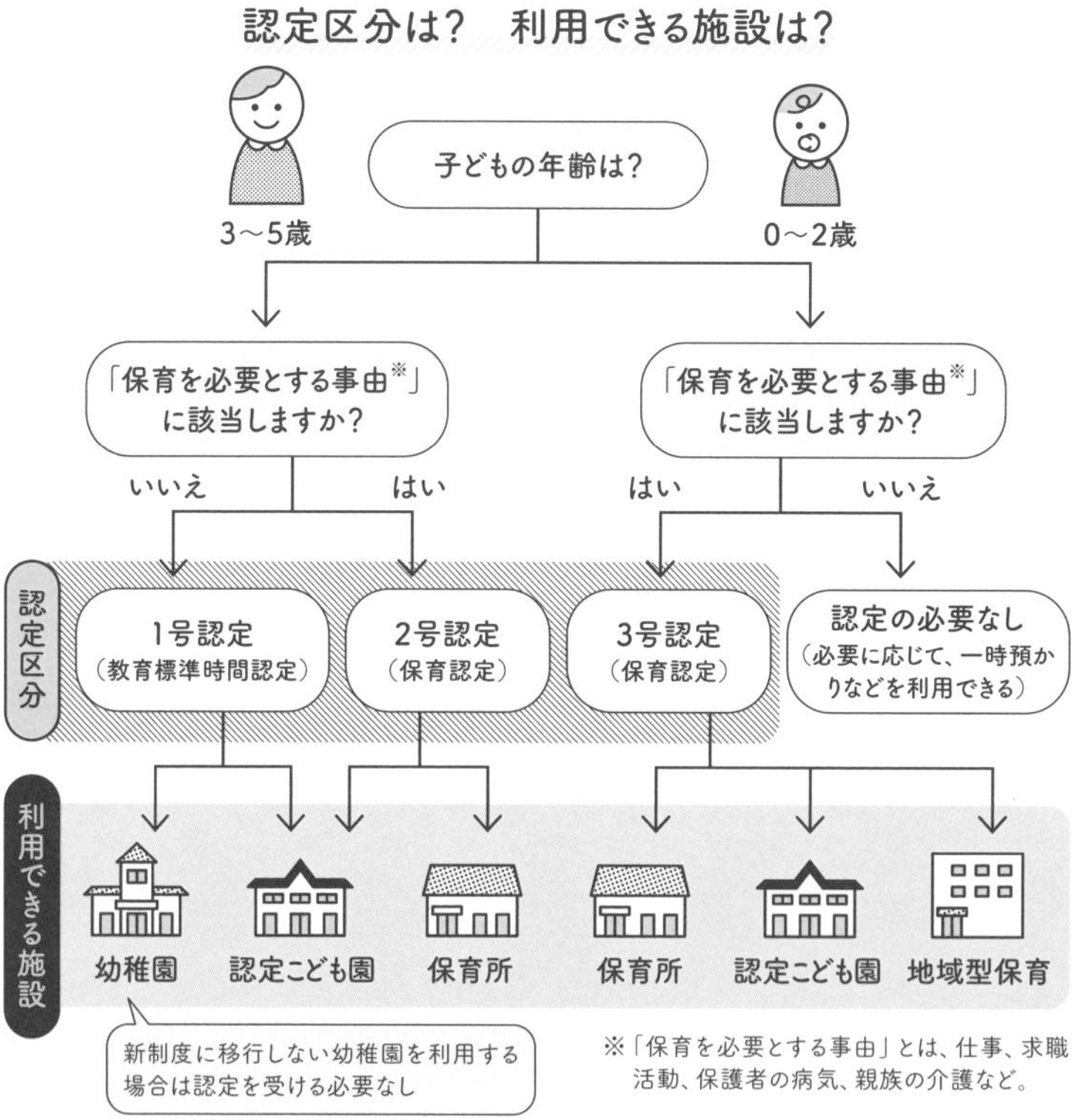

※「保育を必要とする事由」とは、仕事、求職活動、保護者の病気、親族の介護など。

「子ども・子育て支援新制度なるほどBOOK」（内閣府）より作成

民間の預かりサービスは事業者などにより異なる

　新制度の利用を申し込んだけれど定員がいっぱいで預かってもらえないなどの場合は、認可外の保育施設、ベビーシッター派遣事業者、マッチングサイトを通してベビーシッター個人に直接頼む方法があります。

　いずれも民間のサービスなので、利用料は施設や事業者、ベビーシッターにより異なります。

　認可外の保育施設は早朝や深夜も預かってもらえるなどのメリットもありますが、認可施設のような広さや保育士の人数の決まりがなく、保育料は高めです。事業者によるベビーシッター派遣は入会金や月会費がかかる場合も。ベビーシッター派遣やマッチングサービスを利用する際は、下に記載の10項目に注意を。

　会社員が仕事復帰のため新制度に申し込んで入れなかったなら、勤務先に相談して育休延長の検討を。

一時預かりの保育料の目安（3歳未満）

➡ 預ける時間により
1500円から3000円程度 ※自治体に確認を

ベビーシッターなどを利用するときの留意点

❶ まず情報収集
❷ 事前に面接
❸ 事業者名、氏名、住所、連絡先の確認
❹ 保育の場所の確認
❺ 資格や研修受講状況の確認
❻ 万一の事故に備えて保険の確認
❼ 預けている間も電話やメールで子どもの様子を確認
❽ 緊急時の対応を考える
❾ 保育の内容の報告を受ける
❿ 不満や疑問は相談

※厚生労働省のWebサイトより作成

ベビーシッター利用料金の例

派遣	入会金：無料～10万円程度、 年会費：無料～10万円程度、 利用料：1時間2000円程度～
マッチング	保育1時間1000円程度～ ＋手数料＋交通費

保育料の月額（上限）

保育認定の子ども（3号認定：満3歳未満）

階層区分	利用者負担	
	保育標準時間	保育短時間
①生活保護世帯	0円	0円
②市町村民税非課税世帯※	0円	0円
③所得割課税額48,600円未満	1万9500円	1万9300円
④所得割課税額97,000円未満	3万円	2万9600円
⑤所得割課税額169,000円未満	4万4500円	4万3900円
⑥所得割課税額301,000円未満	6万1000円	6万0100円
⑦所得割課税額397,000円未満	8万円	7万8800円
⑧所得割課税額397,000円以上	10万4000円	10万2400円

● 所得割課税額の確認方法は1章の29ページ。
● 保育標準時間は最長11時間、保育短時間は最長8時間
● 多子世帯は、2人目が半額に、3人目以降は無料になる軽減あり。子どもの数え方は68ページ。

※ 幼児教育・保育の無償化により住民税非課税世帯の0～2歳児は無料

0歳から3歳まで

2 子どものための貯金や保険

将来の教育資金を貯め始める

乳幼児の時期は手がかかりますが、教育費はあまりかかりません。

教育費は大きく2つに分けられます。1つは入学した学校などに払う入学金や授業料などの学校教育費。もう1つはそれぞれの家庭の判断で通わせる習い事や塾、本や参考書などの学校外活動費です。

生まれてから中学卒業までは児童手当をもらうことができ、3歳から5歳は保育料などが無償化されました（66〜67ページ参照）。小・中学校は義務教育ですから私立に進学しなければ学校教育費はそれほどかかりません。

中学生から高校生ぐらいから食費など子どもの生活費が増えていき、

教育費がたくさんかかるのはいつ？　貯めどきは？

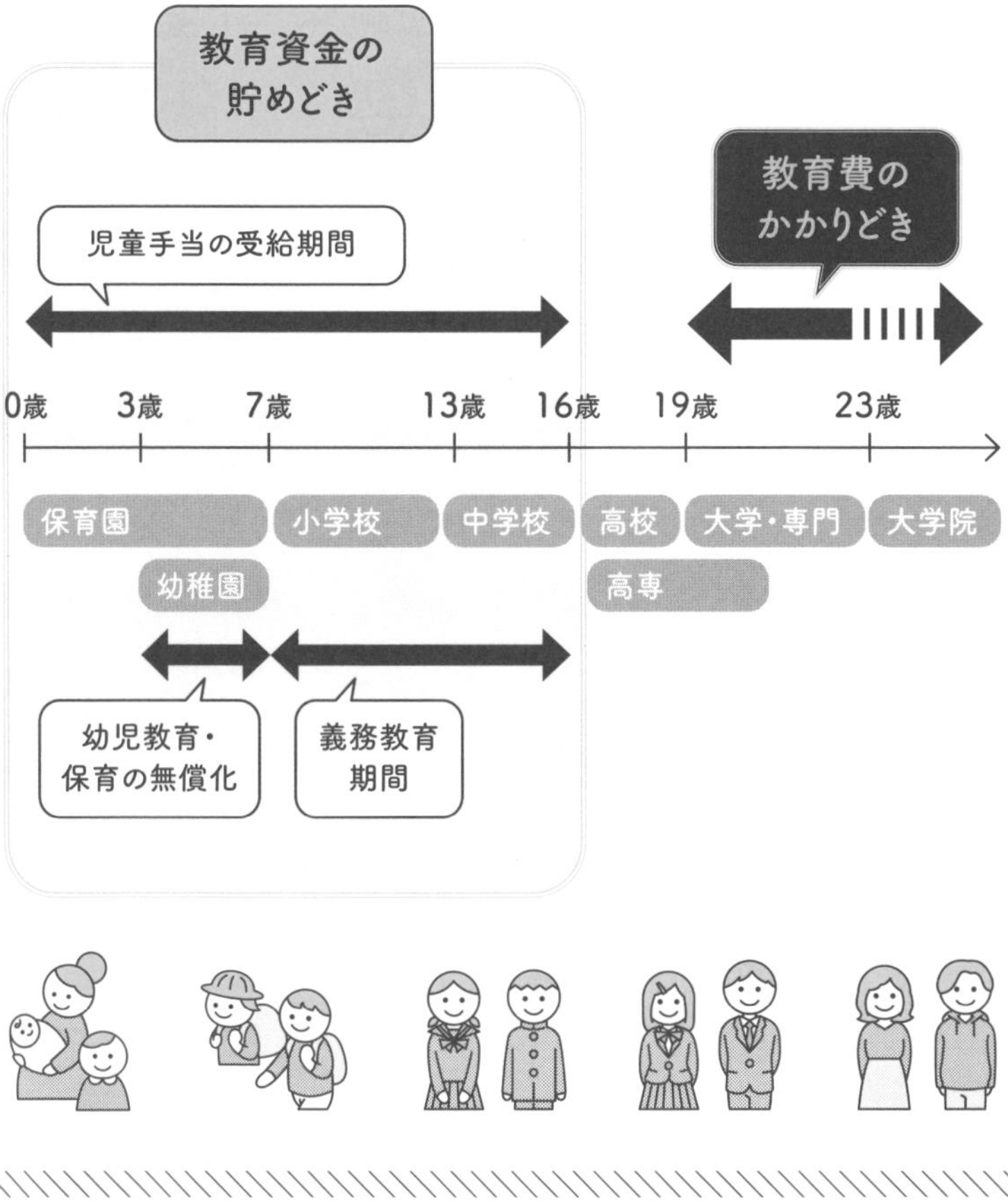

その後の大学や専門学校の学校教育費はかなりの金額になります。

大学などまで進学するなら、教育費のかかりどきは18歳以降、貯めどきは中学卒業までが目安です。

子どもに合う進学ができるよう、早めに教育費を貯め始めましょう。

それぞれの時期にかかる教育費は、各章を参照してください。

家族のライフイベント表を作ろう！

子どもが生まれたら、ぜひ作りたいのが家族のライフイベント表です。年齢、進学の時期、その年に行いたいことも含め、子どもが自立する約20年先まで記入してみましょう。

先を見通すことで、資金の準備などがスムーズに進みます。

2人目が生まれるなど予定が変わったときは、その都度、新しいライフイベント表に更新していきます。

ライフイベント表の例

年	年齢			ライフイベント
	自分	配偶者	子ども	
2023	27	30	0	
2024	28	31	1	育休から仕事復帰
2025	29	32	2	
2026	30	33	3	（2人目出産？）
2027	31	34	4	
2028	32	35	5	住宅を買いたい！
2029	33	36	6	
2030	34	37	7	小学校入学
2031	35	38	8	
2032	36	39	9	車の買い替え？
2033	37	40	10	
2034	38	41	11	家族旅行（大型）
2035	39	42	12	
2036	40	43	13	中学校入学
2037	41	44	14	
2038	42	45	15	
2039	43	46	16	高校入学
2040	44	47	17	車の買い替え？
2041	45	48	18	
2042	46	49	19	大学入学
2043	47	50	20	
2044	48	51	21	
2045	49	52	22	大学卒業・就職
2046	50	53	23	

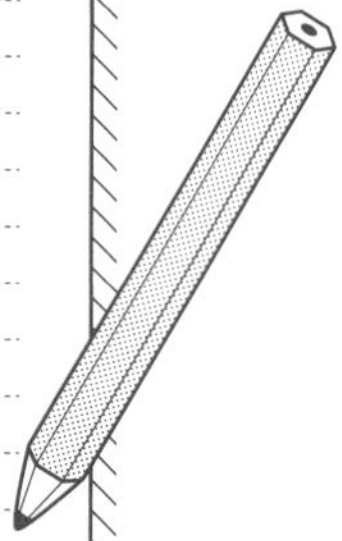

子育てと保険

家族に何かあったときにもらえるお金

子どもがいると心配なのが、子どもの病気やケガ。子育てを担う親自身の病気やケガと、万一のことです。

子どもが生まれると、保険に入った方がいいのかな？と思う人もいるでしょう。保険には公的な保険である社会保険と、自分で選んで利用する民間保険があります。社会保険からどんな給付があるかを把握した上で、足りない分を民間保険で補うのが基本的な考え方です。

ただし、社会保険も民間保険も、お金をもらえるのは条件を満たしたときだけ。自分の貯蓄で対応しなければならない費用もあります。

何かあったときの備えは、社会保険＋貯蓄＋民間保険です。

病気・ケガ・死亡などのリスクへの備え

社会保険

●公的医療保険

●公的年金保険 など

日本に住む人は、年齢や立場に応じた社会保険に入る

＋

貯蓄

保険で対応できないことには、自分のお金で備える

＋

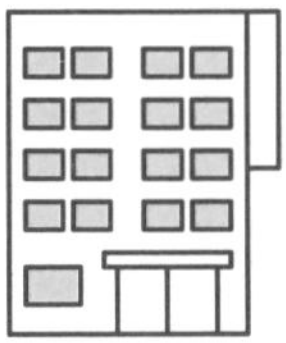

民間保険

生命保険会社の

●医療保険 ●死亡保険 など

社会保険や貯蓄で足りない部分を民間保険で備える

子どもが小さく貯蓄が少ないなら民間保険を検討

下の表は社会保険からの給付です。

病気やケガで医療費がかかったら、社会保険（公的医療保険）から7～8割を給付してもらえるので自己負担は2～3割ですみます。子どもにはさらに自治体からの助成もあります。自己負担が高額になったときも給付があるので、ある程度の収入や貯蓄があればまかなえるでしょう。

親の死亡時は、社会保険（公的年金保険）から、子どもの数により月額で10万円前後の遺族基礎年金をもらえます。親が会社員なら、厚生年金も上乗せしてもらえます。残った方の親の収入と合わせて生活費をまかなえるかが判断のポイント。

難しいなら民間保険で死亡保障を確保しましょう。子どもが小さいほど、これからの生活費と教育費がかかります。貯蓄が少ないなら、教育費も考慮して保障額を決めます。

社会保険からの給付

子ども	病気・ケガ	●医療費の自己負担は、0歳から小学校入学前までが2割、小学校入学以降が3割（残りは公的健康保険から給付）。 ●自治体の乳幼児医療助成により、一定年齢までは自己負担がさらに安くすむ（44～45ページ）。 ●月当たりの自己負担が高額になった場合は、高額療養費制度（26～27ページ）により限度額までの支払いでよい。
親※	病気・ケガ	●医療費の自己負担は3割（残りは公的健康保険から給付）。 ●会社員は、加入する健康保険組合からの上乗せ給付により自己負担がさらに安くすむケースも。 ●月当たりの自己負担が高額になった場合は、高額療養費制度（26～27ページ）により限度額までの支払いでよい。
	死亡（夫）	●夫が会社員なら、子どもがいる妻に遺族基礎年金＋遺族厚生年金。 ●夫が個人事業主または主夫なら、妻に遺族基礎年金。 ただし妻は前年の年収850万円（または所得655万5000円）未満で生計を同じくしていること（原則、同居）が条件。
	死亡（妻）	●妻が会社員なら、子どもがいる夫に遺族基礎年金＋遺族厚生年金。 ●妻が個人事業主または主婦なら、夫に遺族基礎年金。 ただし夫は前年の年収850万円（または所得655万5000円）未満で生計を同じくしていること（原則、同居）が条件。また遺族厚生年金をもらえるのは妻の死亡時に55歳以上の夫。

※70歳未満で公的年金をもらっていない場合

遺族年金の目安額（平成4年度）

遺族基礎年金	配偶者＋子ども1人	年100万1600円	「子ども」は高校卒業までの子どもを指す。子どもがいない場合は支給なし
	配偶者＋子ども2人	年122万5400円	
	配偶者＋子ども3人	年130万円	
	以降は子どもが1人増えるごとに＋7万4600円		
遺族厚生年金	亡くなった人がもらうはずの厚生年金の4分の3の金額（ただし厚生年金に加入していた期間が25年（300月）未満の場合は25年とみなして計算）		

民間保険の活用法

死亡保障は掛け捨てで割安に

民間保険で親の死亡保障を確保する場合は、生命保険に入ります。掛け捨てで保険料が安い定期保険または収入保障保険がいいでしょう。

シンプルでわかりやすいのが定期保険です。保険金額と保障期間を決めて加入し、保障期間中に死亡すると死亡保険金を受け取れます。まとまったお金が手に入ります。

一方、収入保障保険は、保険金額（月10万円で年間１２０万円など）と保障期間を決めて加入し、保障期間中に死亡すると死亡保険金を年金で定期的に受け取れます。生活費として使う際のめどを立てやすいのがメリット。加入後、時間の経過にともない保険金額が減っていきます。

死亡保障のある生命保険

定期保険

仕組み	10年など期間を決めて入る。期間中に死亡すると契約した死亡保険金を受け取れる。なにごともなければ掛け捨て。
特徴	貯蓄性のある保険よりも保険料が安い。自動更新できる。更新時に保険料が上がる。
保険料※の例	30歳男性、保険期間10年、死亡保障額1000万円。保険料（月額）1000円～2000円程度。

※保険料は、加入者の年齢、性別、保険期間、保険の種類、保険会社などにより異なります

➡ 保険金は1回で受け取り　➡ 保険金を受け取ったら終了

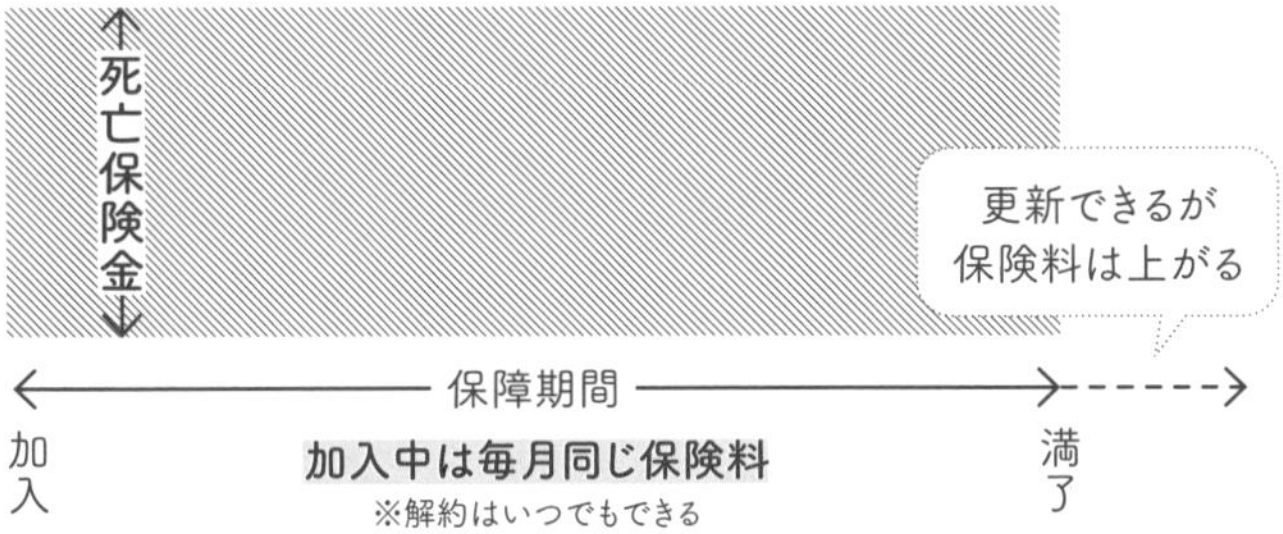

加入中はいつ死亡しても保険金は同額。

生活費と教育費の不足分を保険金で備える

夫や妻が万一のときに備え、まずは生活費を確保します。遺族年金（51ページ）や仕事の収入などで生活費をまかなえないなら、収入保障保険を検討しましょう。必要な生活費をもとに保険金額を決めます。保障期間は子どもが自立する（大学まで進学する予定なら大学卒業）までが目安。教育資金として学資保険（54～55ページ）も加入しておくと安心です。

生活費はなんとかなるけれど教育資金が足りないなら、定期保険を検討します。保険期間はやはり子どもが自立するまで。保険金額は子どもの進路にもよりますが、教育資金として子ども1人当たり300万円～500万円を目安に。学資保険にも加入するなら、その分、定期保険の保険金額は減らしてもかまいません。ただし、貯蓄があまりないなら、少し多めにしておきましょう。

収入保障保険

仕組み	65歳までなど期間を決めて入る。期間中に死亡すると契約した死亡保険金を、年金形式で受け取れる。なにごともなければ掛け捨て。
特徴	貯蓄性のある保険よりも保険料が安い。受け取りが年金形式なので、保障額を決めやすく、保険金を使いやすい。
保険料※の例	30歳男性、保険期間65歳まで、年金月額10万円。 保険料（月額）2000円～3500円程度。

※保険料は、加入者の年齢、性別、保険期間、保険の種類、保険会社などにより異なります

保険金は年金で満了まで受け取り

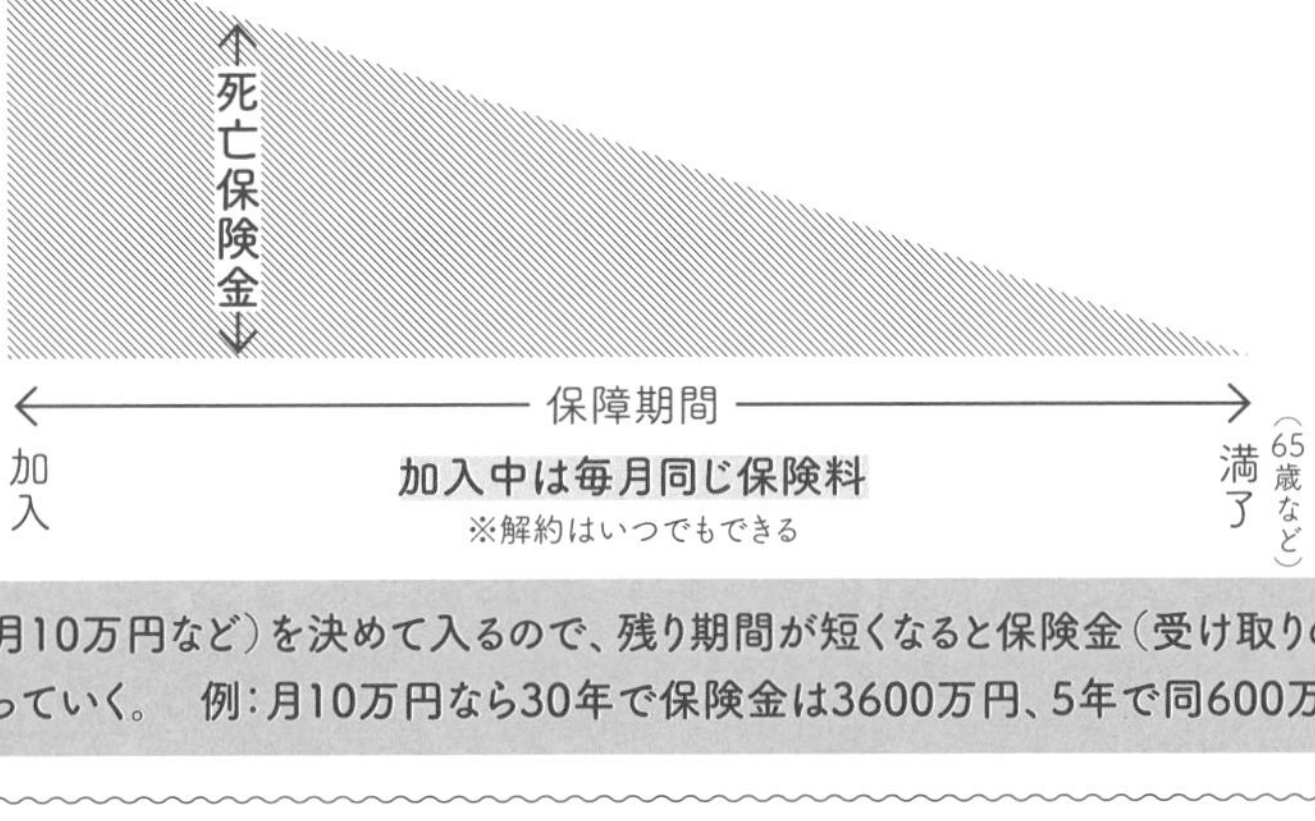

年金額（月10万円など）を決めて入るので、残り期間が短くなると保険金（受け取りの合計）は減っていく。　例：月10万円なら30年で保険金は3600万円、5年で同600万円

貯蓄にもなる学資保険

親に万一のことがあったときも教育資金を準備できる

生命保険には保障と貯蓄を兼ねるタイプもありますが、金利が低い現在、お金を増やすことは期待できません。保障と貯蓄は分けるのが時代に合った方法です。ただし、学資保険（こども保険とも呼ぶ）は、他の貯蓄と分けて貯められ、親に死亡または高度障害などの万一のことがあったときも教育資金を準備できるので上手に活用したいですね。

学資保険は、親を契約者、子どもを被保険者として加入し保険料を払います。18歳など満期になったら契約した学資金を受け取ります。途中で親に万一のことがあったときは保険料の支払いが免除され、学資金は予定通りにもらえます。途中で子どもに万一のことがあったときは通常は死亡保険金が払われます。

基本のタイプを選び学資金は他の金融商品と調整

次ページの図は学資保険の基本的な仕組みです。加えて、進学の節目にも学資金をもらえる、親が万一のときは育英年金をもらえるなど保障が手厚いタイプもあります。保障が多いほど保険料が高くなり、貯蓄としては元本割《がんぽんわ》れになるケースも。学資保険を使って準備したいのは大学などの教育資金です。基本のタイプを選び、高校3年生の秋までに受け取れる契約に。年払いなど保険料をまとめて払うと割引により利回りが上がります。

学資金をいくらにするかは、進路と、他の金融商品との兼ね合いで決めます。進学先ごとの授業料などは8章を参照してください。定期保険にも加入するなら、その保険金額を考慮。また学資保険は利回りが低いので、教育資金の全部を学資保険で貯めるのではなく、他の金融商品（57ページ）の併用を検討します。

+1point!

保険料控除を使って節税を

学資保険は保険料控除の対象です。利用できる枠は、定期保険や収入保障保険と同じ「一般生命保険料控除」。同じ枠で複数の保険に入っている場合は、1年間で払った保険料を合算してこのうち4万円までを所得から控除できます。その分、課税所得が減るので所得税と住民税が安くなります。

学資保険の基本形

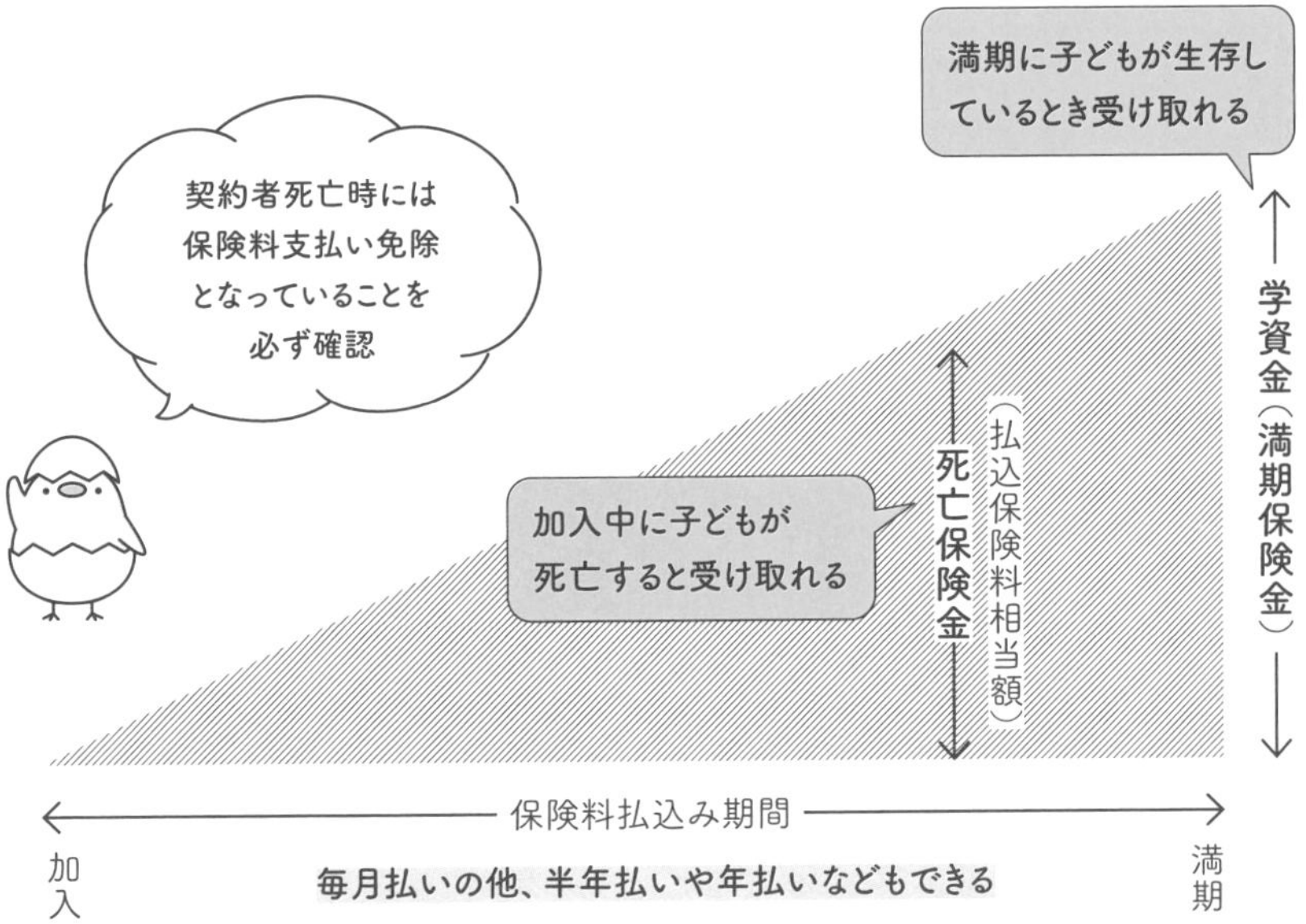

+1point!

学資保険の返戻《へんれい》率と預金の金利の違い

学資保険ではよく返戻率が紹介されています。返戻率は、払い込んだ保険料を100％としたとき受け取る学資金がどれくらいかを表します。100％以上なら元本割れなし。例えば103％なら加入から受け取りまでの期間で3％増えるということ。0歳で入って18歳で受け取るなら18年かけて3％です。

一方、預金の金利は1年間でどれくらい増えるかを表します。

学資保険の返戻率の計算方法

受け取り総額 ÷ 払い込み保険料総額 × 100 ＝ 返戻率

途中で学資金が出るタイプはそれも加える

マメ知識

教育資金の貯め方

毎月の積立額を決めて先取り貯蓄

子どもが生まれたらなるべく早くから貯めていきたいのは、大学などの教育資金です。生後すぐに始めれば約18年あります。ただし、共働きなら3歳未満は保育料がけっこうかかり（所得により異なる）、高校生になると部活動の費用など子どもにかかるお金が増えます。貯めやすい時期は、幼児教育・保育の無償化が始まる3歳から、義務教育の小・中学校まで（48〜49ページも参照）。

理想は、子どもが生まれたらすぐに無理のない金額で毎月の積立を始めて、貯めやすい時期には積立額を増やすなどして残高を増やすこと。毎月、自動的に積立できる金融商品を使うのが確実に貯めるコツです。

18歳までに（18年で）いくら貯まる？

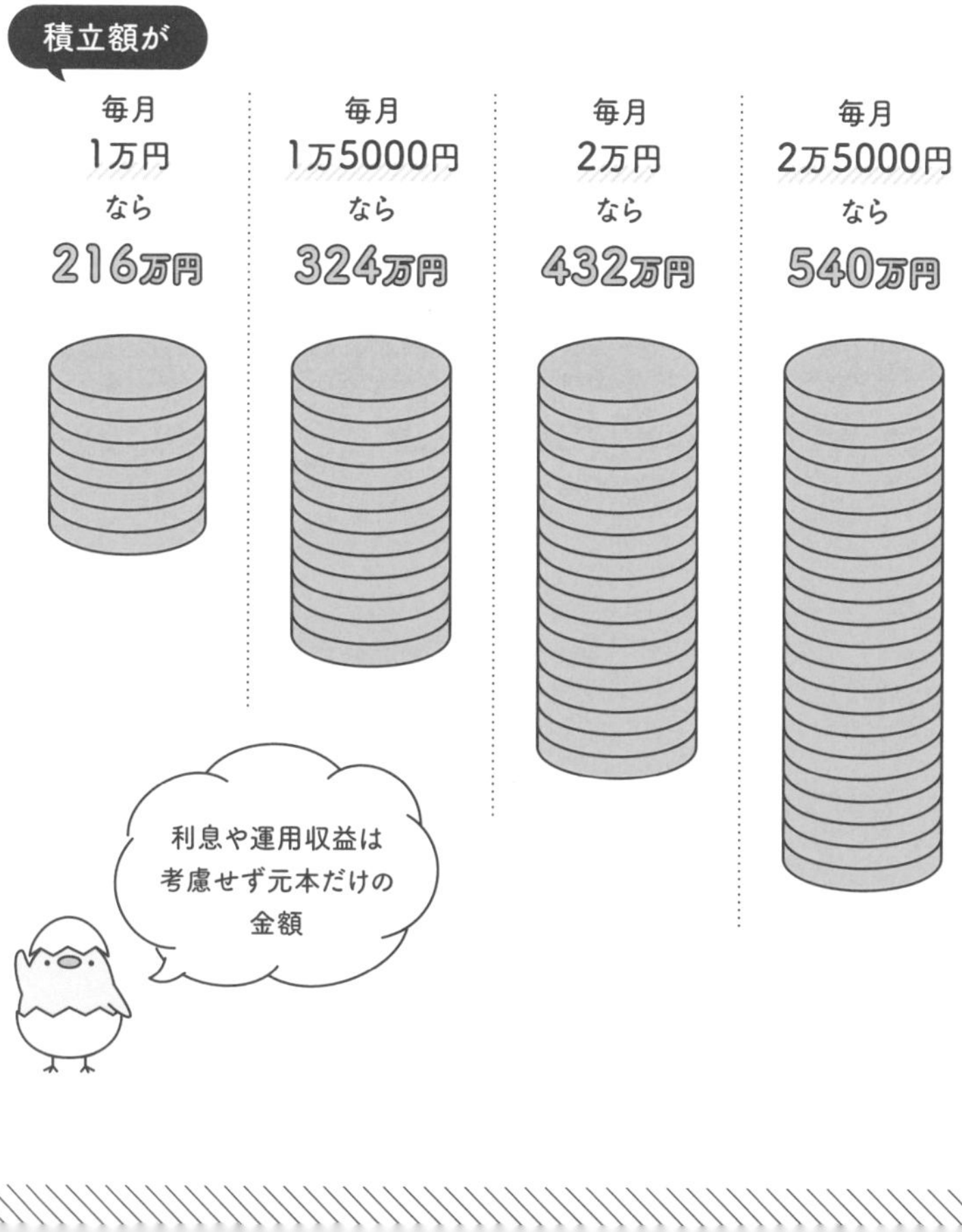

高校3年生までに最低限100万～200万円

目標額は、進路や家計状況により違ってきますが、受け取る児童手当(36～37ページ)と同額くらい、金額にして90万円～２００万円程度は最低限貯めておきたいですね。これくらいあると、受験費用と入学金および初年度前期の授業料をまかなえます。国・公立大学なら、もう少し足せば入学金と4年分の授業料(約２４０万円)になります。

例えば毎月１万円を18年積立てると元本で２１６万円になります。これを目安に積立額を検討し、状況に応じて増減させせながら続けます。

安全性の高い銀行の積立定期預金や、保障と貯蓄を兼ねる学資保険をベースに、並行して、収益性が高い投資信託を「つみたてＮＩＳＡ」で積立てるのもいいでしょう。投資信託は価格変動するので、10年以上の時間をとれるなら候補になります。

教育資金を貯めるのに向いている金融商品

銀行の積立定期預金

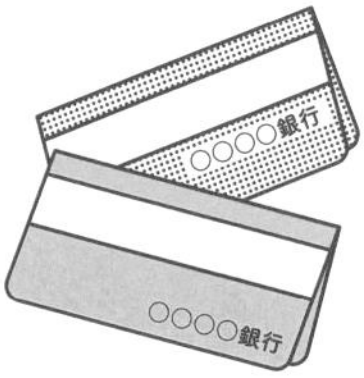

毎月の積立額を決めて申し込むと、毎月、決まった日に普通預金から定期預金に積立てられる。ボーナス月の増額も可能。途中で積立額の変更ができる。

生命保険会社の学資保険(子ども保険)

満期と満期金(学資金)を決めて申し込む。子どもと親の年齢により毎月の保険料は異なる。途中で満期金の変更はできない。中途解約すると元本割れする点に注意(54ページも参照)。

つみたてNISA

銀行や証券会社で、毎月の積立額、利用する投資信託を決めて申し込む。利益にかかる税金が非課税になる。積立てられるのは年間40万円※まで。途中で積立額の変更ができる。

※2024年からは年間120万円に増える予定

七五三、するならいくら？

神社への参拝、写真撮影、食事会などで数万円

女の子は3歳と7歳、男の子は5歳でお祝いする七五三。昔は乳幼児の死亡率が高かったので、無事に育ったことを祝うために始まった行事のようです。

ある調査では七五三をする家庭は86％。費用は3万円程度。内容は、神社への参拝、記念写真を撮影、親族での食事会、が多いようです。

するかどうかは、時間がとれるか、費用の負担が重荷ではないかなど各家庭で判断すればよいでしょう。

七五三は数え年齢で行うので、3歳のお祝いは満2歳のとき。子どもが覚えている可能性は低く、写真で振り返ることになりそうです。

七五三のお祝いをする家庭は8割強

子どもの七五三のお祝いを実施するか

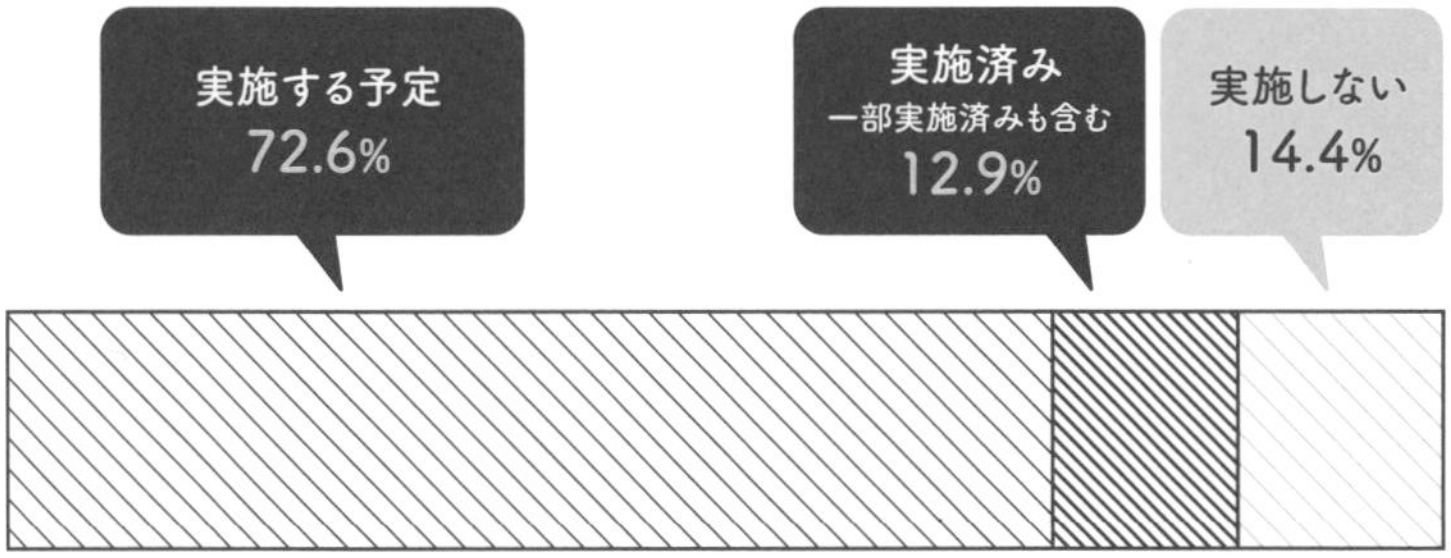

七五三の平均予算は3万3000円

七五三のお祝いにかける平均予算

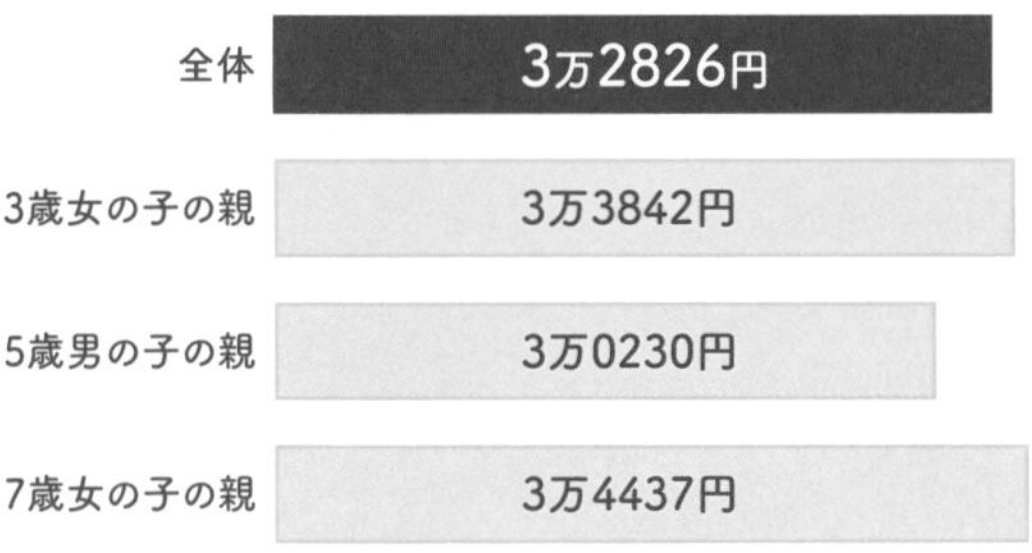

11月15日以外の日程 満年齢での実施もあり

もともとは数え年齢で行う行事ですが、近年は満年齢で行う家庭もあるようです。

日程も11月15日にこだわらず、その前後の土日や平日など、混みあう日程を避ける方法もあります。

幼い子どもにとって、また親にとっても、1日で参拝、写真撮影、食事会の3つをこなすのはけっこう大変です。写真撮影は参拝とは別の日に行う家庭も増えています。

プロのカメラマンに撮影してもらう写真館を予約するなら、時期を外すと安くなることも。

神社への参拝は無料ですが、お祓いをお願いするならお礼として初穂料（神様にお供えするお金、数千円から1万円程度）を包んで渡します。お祝い着レンタル、写真撮影、お祓いなどをセットにしたプランを数万円で提供する神社もあります。

七五三で行うこと上位3位は、神社への参拝、記念撮影、食事会

七五三での実施予定の行事、すでに実施済みの行事

神社への参拝

65.8%

プロカメラマンによる
写真スタジオでの記念撮影

52.2% ※前撮りを含む

家族（配偶者と子ども）
とのお食事会

46.8%

子どもの着物の着付け……………… 40.5%

両親・親族を交えたお食事会……… 35.3%

プロによる子どものヘアセット……… 31.6%

神社での記念撮影 ※自己撮影……… 29.4%

自分自身の着物の着付け…………… 14.1%

神社以外の場所での記念撮影……… 14.1%
※自己撮影

プロカメラマンによる神社での記念撮影…… 12.6%

ROLLCAKE株式会社が七五三を迎える子どもを持つママ462人に2020年10月に行ったインターネット調査より（前ページも）

数え年齢と満年齢の違いは？

生まれた日は何歳？		年をとるのはいつ？	
1歳	0歳	正月（1月1日）	誕生日
数え年齢	満年齢	数え年齢	満年齢

高校までの教育費を見通す

幼稚園から高校まではその年の収入から出せる範囲で

教育費は約20年にわたり毎年かかる支出なので、先を見通しておくことが重要です。原則は、高校まではその年の収入から支出し、大学などの高等教育は、貯めておいた資金で支払うことです。まずは高校までの費用を確認（大学などは第8章を参照）。下の表は、3歳から高校卒業までに親が出した教育費（授業料から塾や参考書まで含む総額）を学年別に集計した調査データです。

　教育費は、通う施設や学校が公立か私立かで異なり、私立は公立の2倍から5倍程度かかります。特に私立と公立の差が大きいのは小学校・中学校の費用です（各学年の詳細は3章以降を参照）。

学年（年齢）別の学習費総額（年間の教育費）

		公立	私立
幼稚園	3歳	13万3353円	30万9170円
	4歳	14万0838円	27万6125円
	5歳	19万8555円	33万9341円
小学校	第1学年	37万9539円	**213万6449円**
	第2学年	28万3211円	140万2725円
	第3学年	31万5794円	151万9595円
	第4学年	32万9198円	159万2088円
	第5学年	38万0774円	168万3972円
	第6学年	42万3506円	166万4831円
中学校	第1学年	53万1544円	180万6991円
	第2学年	44万3848円	121万8559円
	第3学年	**64万0925円**	127万8255円
高等学校（全日制）	第1学年	62万9459円	127万6978円
	第2学年	45万7895円	94万1873円
	第3学年	45万5762円	93万7550円

（注）表中の黄色下線は公立、私立の各学校種における学年（年齢）別の最大値を示している。

「令和3年度 子供の学習費調査」（文部科学省）より

職業につながる大学などの高等教育資金は貯蓄で準備

幼児教育・保育の無償化により費用が以前より安くすむ幼稚園は、教育内容や自宅からの距離などにより私立を選ぶ家庭があるでしょう。

小・中学校は、義務教育のため無試験で入学できる地元の公立を選択する家庭がほとんどだと思います。

高校は、公立希望でも入試の結果で私立のケースもあるでしょう。

下の図は、幼稚園から高校までの進路のパターンにより総額で平均いくら教育費がかかるかを示しています。合計するとすべて公立でも６００万円近くかかりますが、15年間の総額なので月当たりに換算すると３万２０００円です。

高校卒業後に大学や専門学校などの高等教育まで進ませるなら、毎年の教育費を支払いながら、並行して貯蓄をすることを念頭に、これからの家計管理を考えましょう。

進路による高校までの学習費総額（教育費総額）

	幼稚園	小学校	中学校	高等学校（全日制）
公立	47万2746円	211万2022円	161万6317円	154万3116円
私立	92万4636円	999万9660円	430万3805円	315万6401円

①すべて公立

公 → 公 → 公 → 公

＝574万4201円

②幼稚園だけ私立

私 → 公 → 公 → 公

＝619万6091円

③高等学校だけ私立

公 → 公 → 公 → 私

＝735万7486円

④幼稚園及び高等学校が私立

私 → 公 → 公 → 私

＝780万9376円

⑤小学校だけ公立

私 → 公 → 私 → 私

＝1049万6864円

④すべて私立

私 → 私 → 私 → 私

＝1838万4502円

「令和3年度 子供の学習費調査」（文部科学省）より

Column

学資保険（こども保険）の満期は高校3年生の秋までに

教育資金を貯める方法のひとつに学資保険（こども保険）があります（54ページ参照）。

満期を18歳の誕生日にするのがよくあるパターンです。もし誕生日が秋以降なら、それより早くもらえる契約にするのがおすすめ。満期金は高校3年生の11月頃までには受け取りたい。

なぜなら、大学入試は、1月～2月の受験シーズンに一斉に筆記試験を受ける一般受験が減って、学校推薦や総合型選抜が増えています。学校推薦は11月頃には結果が出て、年内に入学金を振り込まなければならないケースもあります。総合型選抜も、一般受験よりもスケジュールが前倒しになります。

年内に教育資金が必要になるのに、満期が年明けだと、一時的に他の貯蓄から立て替えることになります。満期金を受け取って支払いの準備ができていると安心です。年明けに満期がくる契約になっているなら、教育資金用の別の貯蓄を年内に引き出せるよう心づもりを。

高校3年生になると、志望校を絞り込むなど受験準備が始まり、まさに受験モードに。いくら準備できているかにより、選択も変わってくるでしょう。

高校3年生の秋までに、受験費用、入学金、前期の授業料を準備することを目標にします。

Column

子ども名義の口座は作る?

教育資金を貯めるのに向いている金融商品は、銀行の積立定期、生命保険会社の学資保険、つみたてNISAなどです(57ページ参照)。

銀行の積立定期とNISAの口座は通常、保護者名義で作ります。

これとは別に、祖父母などからのお年玉やおこづかいを貯める目的で子ども名義の銀行口座を作るといいですね。未成年者の場合、親子双方の本人確認書類を用意して親が代理人となって口座を開設します。

将来の教育費の足しにしたり、子どもにやりたいことができたときの資金にしたりできます。

小学生になると、「貯める」ことがわかってくるので、通帳を見せる、一緒に入金するなどにより金融教育の一環にもなります。

2人以上子どもがいる場合は、それぞれの名義で作ると、お金を分けられ、残高の確認も簡単です。

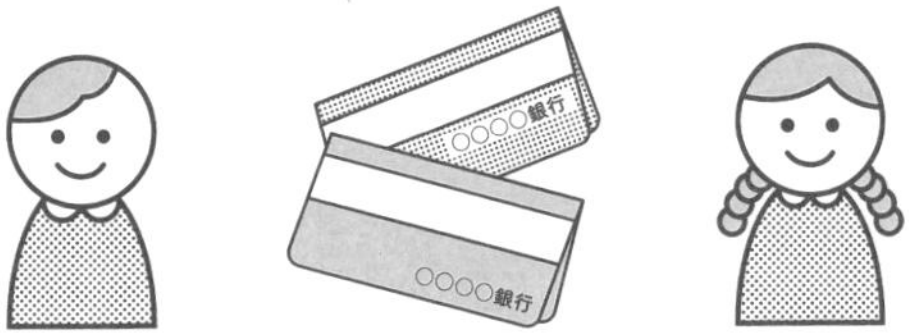

0歳から3歳まで

2

この時期のアクション

- [ ] 自治体に出生届を出しましょう。
- [ ] 赤ちゃんの健康保険証を作り、乳幼児医療費助成が受けられる医療証も申請しましょう。
- [ ] 児童手当の申請をしましょう。届け出が遅れると受け取り額が減ります。
- [ ] 子どもを含めた家族のライフイベント表を作りましょう。
- [ ] 教育資金を貯め始めましょう（48～49ページ参照）。
- [ ] 保険の加入・見直しを検討しましょう（50～51ページ参照）。

第3章

3歳から6歳まで

3

幼児教育・保育の無償化とは？

3歳から6歳の子どもが通える教育や保育の施設

3歳から小学校入学前の子どもが通えるのは、幼稚園、保育所、認定こども園です。

幼稚園は、国が示す教育要綱に基づきつつ、園ごとに特徴のある教育を行います。保育所は、仕事などで家庭で保育ができない保護者に代わって保育を行います。保育士の人数や施設が国の基準を満たす認可保育所と、それ以外の認可外保育所があります。幼稚園と保育所の両方の機能を持つのが認定こども園です。3歳から5歳の子どもは保護者が働いている・いないにかかわらず利用できます。一体的な運営をする幼保連携型、幼稚園に保育の機能を加えた幼稚園型などのタイプがあります。

幼稚園、保育所、認定こども園の違いは？

幼稚園 （3歳から就学前）

- 幼児期の教育を行う学校
- 国の教育要綱をもとに各幼稚園が特徴のある教育を行う
- 時間は昼過ぎまで。幼稚園によっては終了後の預かり保育にも対応する

保育所 （0歳から就学前）

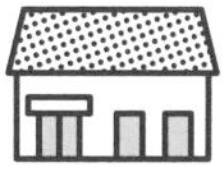

- 保育を必要とする乳・幼児の保育を行う施設
- 子どもの発達に応じた保育を提供する
- 時間は夕方まで。延長保育、休日保育、夜間保育等に対応する施設もある

認定こども園 （0歳から就学前）

- 3歳から5歳は、保護者が働いている・いないにかかわらず利用できる（0歳から2歳は保育を必要とする子ども）
- 小学校入学前の子どもに幼児教育と保育を提供する

小学校入学前の3年間は施設の利用料が無償に

2015年に「子ども・子育て支援新制度」が始まり、新制度のもとで運営する施設は、2019年10月から「3歳から5歳までの幼稚園、保育所などの利用料が無償化」されました。「3歳から5歳まで」とは、3歳になった最初の4月または3歳になった時点から小学校に入学する前まで※を指します。

子育て世帯向けの公的支援は、所得に制限があるものがほとんどですが、「3歳から5歳までの幼児教育・保育の無償化」は所得にかかわらず受けられます。条件は、新制度の下で運営する施設を、住んでいる自治体の認定を受けて利用することです。

新制度に移行していない幼稚園や認可外保育所を利用する場合や、幼稚園の預かり保育を利用する場合も、月あたり一定額までは利用料が無償です（2024年までの経過措置）。

※原則、小学校入学前の3年間が無償化の対象。つまり3歳になった最初の4月から。ただし、幼稚園は3歳になった日から小学校入学前までが無償化の対象。

無償化の対象になるか確認しよう

子どもが3～5歳の場合（4月1日時点）

利用する施設は？

幼稚園

子ども・子育て支援新制度の対象の幼稚園か？※1

- **対象の幼稚園**：利用料が無料
- **対象とならない幼稚園**：利用料が月額2.57万円まで無償

幼稚園の利用に加えて → **幼稚園の預かり保育**：保育の必要性の認定を受けている場合、幼稚園の利用料に加え、月内の預かり保育利用日数に450円を乗じた額と、預かり保育の利用料を比較し、小さい方が月額1.13万円まで無償

保育所／認定こども園

利用料が無料

認可外保育施設など

保育の必要性の認定※2を受けている場合、利用料が月額3.7万円まで無償

➡ **幼稚園については、入園できる時期に合わせて、3歳になった日から無償化の対象**

※1 わからない場合は、幼稚園や市区町村で確認を。

※2 仕事をしているなどの要件を満たし、市区町村から認定を受けることが必要。

「幼児教育・保育の無償化について『うちの子の場合は？』」（内閣府）より作成

無償にならない費用も家庭で払うのはどれくらい？

無償化されるのは利用料の部分です。スクールバスなどの通園送迎費、給食の食材料費、運動会や遠足などの行事費は、これまで通り保護者が払います。施設により異なりますが、通園送迎費や食材料費は月数千円程度が一般的。子どものための支出として予算を取っておきましょう。

ただし、食材料費のうち副食費は、子どもが3人以上いる世帯や、年収360万円未満相当の世帯は、支払い免除になります。新制度に移行している施設では、免除のための手続きは特に必要ありません。移行していない施設では手続きが必要なので、市区町村に問い合わせを。

私立の幼稚園の中には新制度に移行していない施設もあります。その場合は月2万5700円を上限に利用料が無償化されます。認可外保育施設は、保育の必要性の認定を受け

子ども3人以上の世帯は利用料の負担が軽減される

3人以上の多子世帯は、子どもの人数に応じた軽減と無償化を合わせて利用料が決まる

- きょうだいで利用する場合、最年長の子どもから順に2人目は半額、3人目以降は無料。
- 下図の軽減＋3〜5歳は無償。

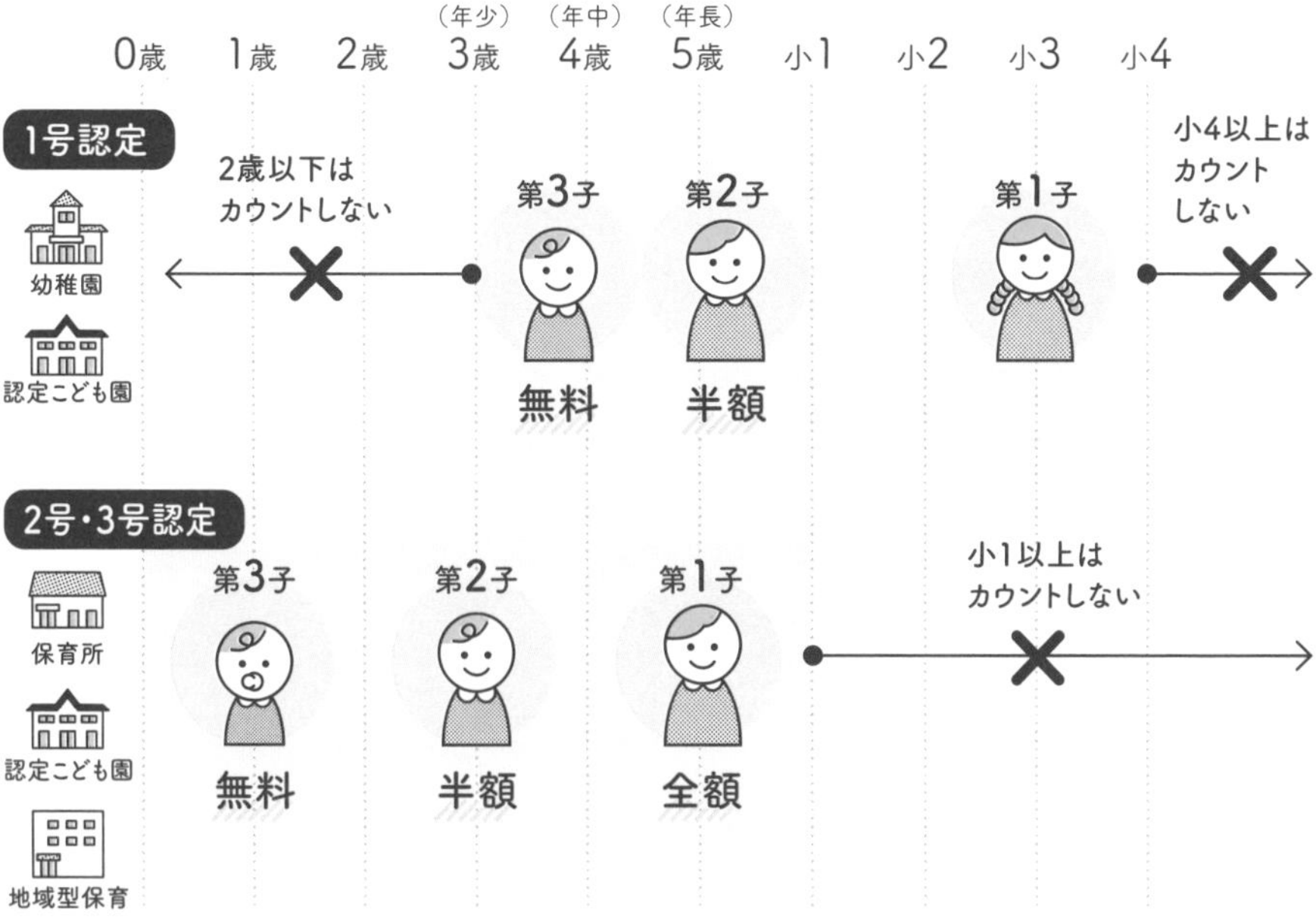

※1号認定（幼稚園、認定こども園）と2号・3号認定（保育所、認定こども園、地域型保育）で多子計算のカウントの方法が異なる。
※きょうだいで通園する施設が異なる（認定区分が異なる）場合も、カウントの方法は同じです。

たなら月3万7000円までの利用料が無償。幼稚園に通い預かり保育を利用した場合は、保育の必要性が認定されれば月1万1300円まで無償です（67ページ参照）。

子ども3人以上や、ひとり親は費用が安くすむ

子どもが複数いる場合、3～5歳は無償でも、他の年齢の子どもには利用料がかかります。ただし、子どもが3人以上いる多子世帯や、ひとり親世帯には利用料の負担軽減があります。最年長の子どもから順に2人目は半額、3人目以降は無料。子どもの数え方が少しわかりにくいのですが、前ページの図を参照してください。年収約360万円相当未満の世帯やひとり親世帯は、子どもの数え方が異なり、さらに軽減されます。ひとり親世帯は、第1子から半額です。これに3歳から5歳の無償化を重ねて利用料が決まります。

年収約360万円未満相当の世帯とひとり親世帯はさらに負担が軽減される

- 年収約360万円未満相当の世帯の場合、軽減措置が拡充。
- 下図の軽減＋3～5歳は無償。

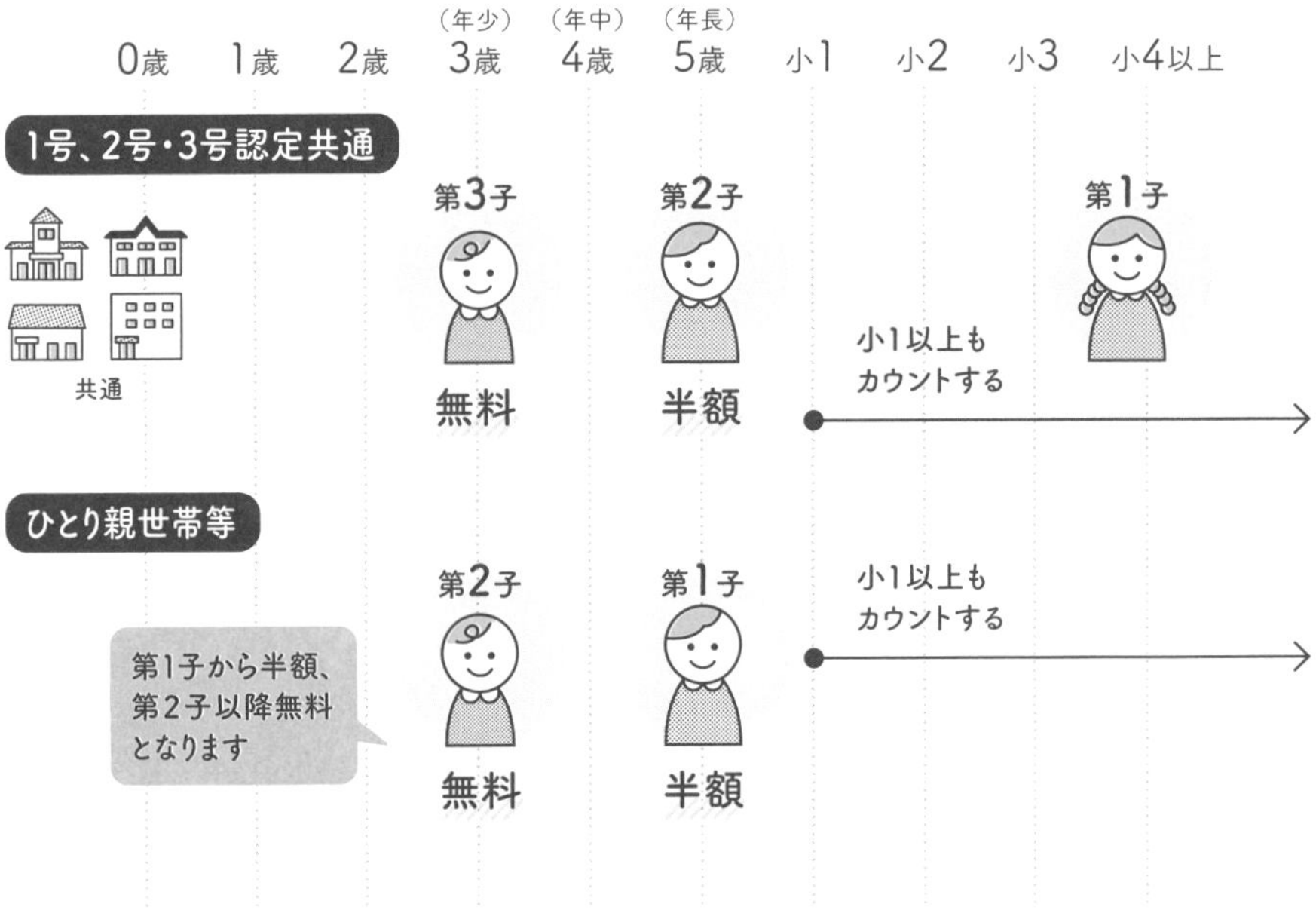

※生活保護世帯や、ひとり親世帯等で市町村民税非課税世帯の場合は、第1子から無料です。
「子ども・子育て支援新制度 なるほどBOOK」（内閣府）より作成

3

3歳からの教育費

平均は月当たり1万4000円〜2万6000円程度

幼稚園の費用を見てみましょう。学習費総額は年間で公立約17万円、私立約31万円です。

学習費総額の内訳は、学校教育費・学校給食費・学校外活動費です（左ページ参照）。幼児教育・保育の無償化により、学校教育費のうち授業料はほぼ無料に。そのため無償化前の前回調査より総額もかなり減っています。1か月あたりを計算すると公立約1万4000円、私立約2万6000円。保育園の子どももほぼ同程度と考えられます。

この約半分が、家庭で使った「学校外活動費」です。机、本棚、絵本、水泳やピアノなど習い事の月謝、スポーツ用具、映画鑑賞、動物園の入場料、キャンプなどレジャーの費用です。

3歳以降は本や習い事などの費用がだんだん増える

家庭が出す学校外活動費は、男児と女児では、女児の方が多く、年齢が上がるにつれて高くなります（左ページ参照）。子どもの成長にともない活動も活発になるからでしょう。5歳では3歳の約2倍になっています。あくまで全国平均のデータですから、どれくらい費用をかけるかは、家計の状況で判断しましょう。

幼児教育・保育の無償化は、幼児期の豊かな体験が大人になってからの収入に結びつくという調査結果や少子化対策として始まりました。

お金をかければ豊かな体験ができるとは限りませんが、無償化で家計にゆとりが生まれた分をどう活かすかを考えたいですね。

3歳以降、公立なら家庭の負担が少なめですむ小学校、中学校までの時期は教育資金の貯めどきでもあります。その時期にしかできない体験をさせながら、将来の教育資金も貯めていけるよう家計管理を行いましょう。

3歳から就学までの教育費

幼稚園の学習費総額（年額）

	公立	私立
学習費総額	16万5126円	30万8909円
うち学校教育費	6万1156円	13万4835円
うち学校給食費	1万3415円	2万9917円
うち学校外活動費	9万0555円	14万4157円

男女別・学年別　学校外活動費（年額）

	公立	私立
平均	9万0555円	14万4157円
男	8万1829円	12万5556円
女	9万9788円	16万3104円
3歳	5万4667円	9万7677円
4歳	7万9679円	14万5477円
5歳	11万5766円	18万3586円

年齢が上がるにつれて増えている

学校教育費の内訳（年額）

	公立	私立
学校教育費	6万1156円	13万4835円
うち授業料	5533円	2万7297円
その他（通学関連費など）	5万5623円	10万7538円

「令和3年度子供の学習費調査」（文部科学省）より作成

幼児の習い事ベスト5（男女あわせた全体）

水泳　英会話教室・英語塾　体操教室　通信教育　音楽教室

➡ ただし、5歳、6歳と年齢が上がるにつれ、男子はサッカー・フットサルと学習塾が、女子はダンスがベスト5に入ってくる。

➡ 習い事をしていないのは、4歳 56.3％、5歳 42.0％、6歳 33.5％。

学研教育総合研究所（Gakken）「幼児白書（2022年9月調査）」より作成

3 小学校の入学準備にかかる費用

前年の秋から健康診断などの入学準備が始まる

公立小学校では、入学予定の子どもの健康診断を行うことが法律で定められています。入学前年の秋には、住んでいる市区町村から、校区の小学校で受診するよう案内の書類が届きます。通常、健診は小学校の校内で行われ、中の様子もわかります。

年が明けて1月から2月頃には、入学の説明会が開かれます。準備するものを確認しましょう。筆記用具や上履き、体操着など。指定があるなら、それに従って準備します。

通学や学校で使うものに加えて、自宅での勉強の環境を整えるために学習机などを買う家庭も多いでしょう。ここにいくらかけるかは親の判断次第です。

5～10万円を目安に上限を決めて準備

入学準備にいくらかかるかは、入学時に新品で何をどれくらい揃えるかによります。筆記用具や上履きなどはそれほど大きな金額にはなりません。価格に幅があり、値が張るのはランドセルや学習机、本棚など。学校で使う小物類と合わせて入学準備の総額の予算を決めましょう。

就学援助費（89ページ）には入学時の支給もあり、自治体により5万～10万程度です。必要なものを揃える金額の目安になります。

小学校低学年は、自分の机ではなく、ダイニングテーブルで勉強する子どももいます。様子を見ながら必要と判断したものを揃えていくと無駄な買い物を減らせます。

子どもの学習費の調査では、小学1年生は、2年生や3年生に比べて家庭内学習費が年間で2万円（公立）～4万円（私立）多くなっています。家庭内学習費とは、学習机、本棚、パソコンなどの物品や、参考書、辞書などの図書費のことです。1年目は予算を多めにとるのがよさそうです。

入学準備に祖父母から支援を受けたら税金がかかるの？

祖父母にランドセルや学習机を買ってもらう、あるいはその費用をもらう家庭もあるでしょう。

個人が1年間で110万円を超える財産をもらうと贈与税の対象になります。

ただし、必要な都度、生活費や教育費にあてるために親族から受け取った場合は贈与税はかかりません。ポイントは必要な都度、それにかかる費用をもらうこと。つまり入学準備のために祖父母の支援を受けても税金はかかりません。

目的が教育費でも、まとまった金額を受け取り、すぐには使わず預金などにすると税金がかかるので注意を。

贈与税がかからないのはどんなとき？

○ 夫婦や親子などの扶養義務者から生活費や教育費にあてるために取得した財産で、通常必要と認められるもの

○ 必要な都度、直接それにあてるために取得したもの

贈与税の非課税枠は年間110万円

Q. 贈与税とは？

個人が財産をもらったときは贈与税の対象になる。

Q. 誰が払う？

贈与税は、贈与を受けた方が払う。

Q. 計算方法は？

1年間（1月1日から12月31日）でもらった財産の合計から110万円（基礎控除額）を差し引いた残額に税率をかけて計算する。

基礎控除後の課税価格 × 税率 − 速算表控除額 ＝ 税額

贈与税の速算表〈一般贈与財産用〉

基礎控除後の課税価格	200万円以下	300万円以下	400万円以下	600万円以下	1,000万円以下	1,500万円以下	3,000万円以下	3,000万円超
一般税率	10%	15%	20%	30%	40%	45%	50%	55%
控除額	—	10万円	25万円	65万円	125万円	175万円	250万円	400万円

110万円の基礎控除額を引いた後の金額を表にあてはめて計算する。直系尊属以外の親族からもらった場合や、受け取った人が未成年の場合にこの速算表を使う。18歳以上の人が父母や祖父母などの直系尊属から贈与を受けた場合は別の速算表を使う。

マメ知識

時短やパートで働く

時短勤務なら収入減を前提に家計管理を

出産前はフルタイムで働いていた人が、育休が終わった後は子育てのために時短で働く、あるいはいったん退職して数年後にパートで仕事復帰するケースもあるでしょう。

　時短こと「短時間勤務制度」は、下にまとめたように育児・介護休業法で条件が定められ、企業は就業規則で制度化することになっています。運用は企業が行うので、利用する場合は勤務先に申し出ましょう。また、3歳までの子どもを育てる人は請求すれば残業が免除されます。

　ただし勤務時間が減ることは給与の減少につながります。フルタイムのときよりも世帯収入が減る前提で家計管理をする必要があります。

時短（短時間勤務制度）

➡ フルタイム勤務の正社員と、週3日以上・1日6時間以上で1年以上働いているパートタイマーが利用できる

仕組み

3歳未満の子どもを育てる
従業員が希望すれば
利用できる

1日の労働時間を原則6時間
（5時間45分から6時間まで）
とする

対象となる人

○ 日々雇用される労働者ではない

○ 1日の所定労働時間が6時間以下ではない

○ 労使協定で適用除外※とされた従業員ではない

※①勤務が1年に満たない、②1週間の労働日数が2日以下、③業務の性質などが短時間勤務に向かない仕事をする人などは適用除外にできる。

社会保険は「養育特例」の申し出を忘れずに

厚生年金など給与天引きの社会保険料は、給与に連動して計算され、通常は年に一度改定されます。

育児休業後に短時間勤務などで給与が下がった場合は、下がった給与（手当なども含む）をもとに計算して改定されます。ただし、給与の減少により厚生年金保険料が下がると、その分、将来もらえる厚生年金が少なくなります。

これを避けるための制度が年金額計算の特例です。手続きは勤務先を通して行います。「養育期間標準報酬月額特例申出書」を勤務先から年金事務所に提出してもらいましょう。

これにより、毎月の厚生年金保険料は下がった給与で計算されますが、将来受け取る厚生年金は以前の給与で計算した額になります。

申し出の時効は2年です。

短時間勤務と賃金

➡ 通常は、短くなった勤務時間の分、給与が減る（企業に支払い義務なし）

養育特例（養育期間の従前標準報酬月額のみなし措置）**とは？**

3歳未満の子どもを育てている人が、短時間勤務などにより給与が減った場合に、保険料は下がった給与で計算するものの、将来の年金額は下がる前の給与で計算する特例。3歳未満の子どもと同居して育てている人は男女を問わず対象。

厚生年金の仕組みをおさらい

- ○ 毎月の給与とボーナスから厚生年金保険料を払う
- ○ 厚生年金保険料は勤務先と本人が半分ずつ払う
- ○ 自分で払う分は給与（手当込み）やボーナスの9.15％※
- ○ 加入期間が長く、現役時代の給与やボーナスが多い人ほど将来受け取る厚生年金が多くなる（ただし上限あり）

※給与やボーナスを切りのいい金額にした標準報酬月額や標準賞与額に9.15％をかける

パートの壁が低くなっている

パートで働く場合は、働く時間や給与額により、税金や社会保険料がかかるかどうかが違ってきます。例えば給与収入が１０３万円を超えると所得税がかかるので１０３万円の壁と呼ばれます。他にもいくつかの壁があります（下の表）。

給与から税金や社会保険料を引かれることで手取りが減るため、壁を超えないよう調整する人も多いのが現状ですが、この壁の金額や条件が段階的に緩和され、パートでも社会保険に入る人が増えています。

壁を超えることで今の手取りは減るものの、自分で社会保険に入ることで、将来の厚生年金が増えるなどのメリットもあります。

生涯賃金や将来の給付も考慮したい

パートの壁

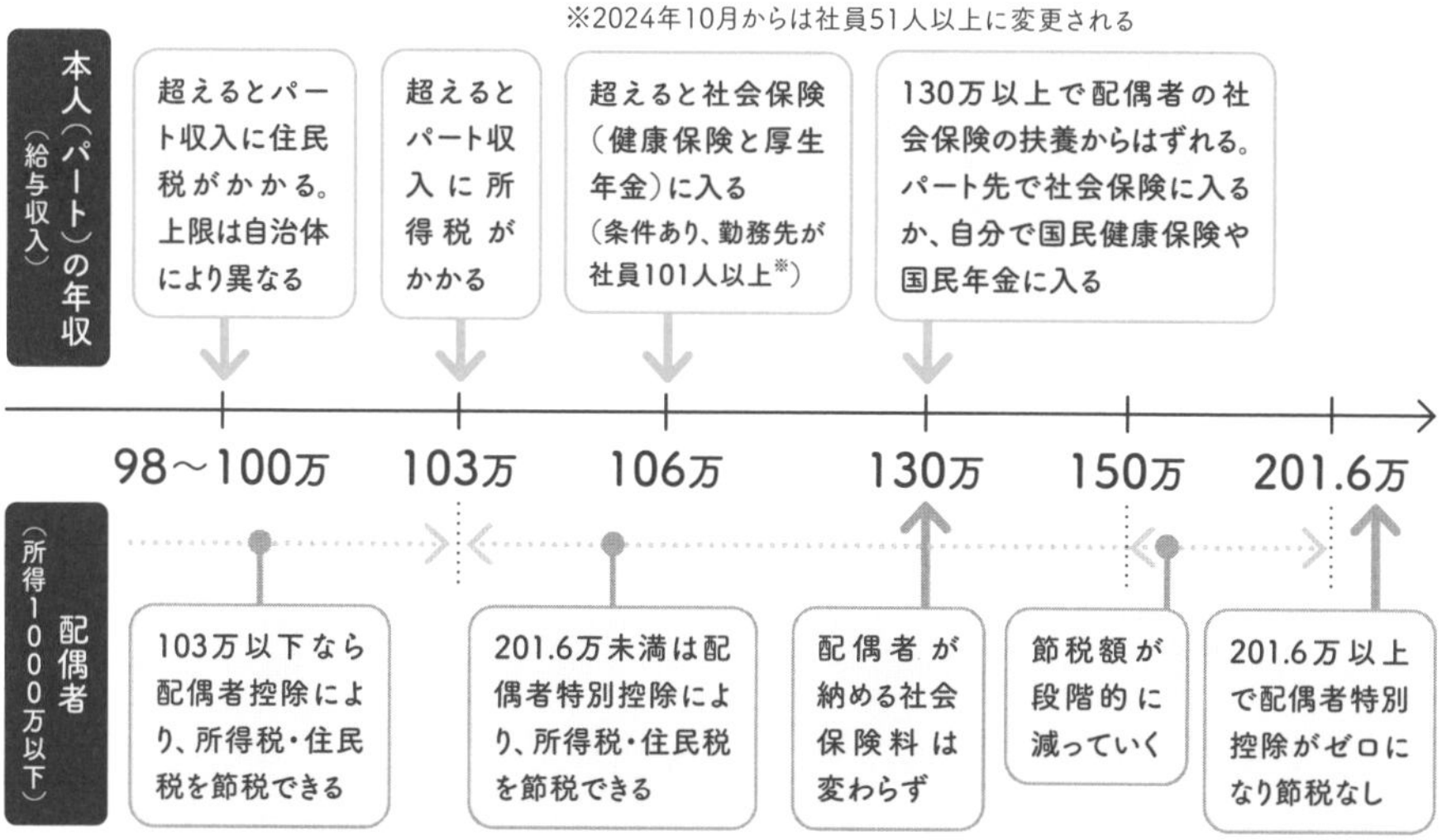

パート（給与収入）の人が社会保険に加入する条件

次の人は年収が106万円を超えると社会保険に入る

- ○2か月以上、働く見込みがある
- ○月収8万8000円以上
- ○週に20時間以上働いている
- ○学生ではない
- ○勤務先の社員が101名以上（2024年10月からは51人以上）

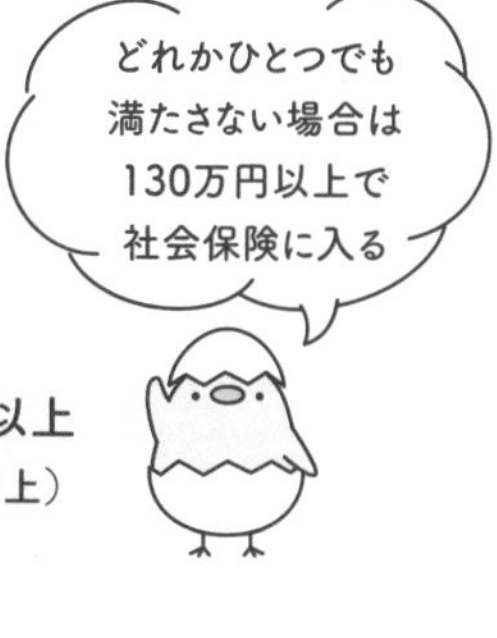

パートの壁は2種類あります。税金の壁と社会保険の壁です。税金は住民税と所得税、社会保険は健康保険と厚生年金保険。既婚者なら配偶者の税金にも影響します。

ただし、税金や社会保険料を引かれても、それを超えて収入が増えるなら手取りも増えます。境目は年収で150万円くらい。どうせなら150万円超えを目指しましょう。

また、社会保険に加入することで、社会保険からの給付が増えます。健康保険からは、病気やケガで仕事を休んだ際の傷病手当金（82ページ参照）や、出産で仕事を休んだ際の出産手当金（39ページ参照）など。老後の年金は厚生年金に加入することで国民年金だけよりも増えることになります。

目の前の手取り収入のみならず、生涯賃金や将来の給付も含めて長い目で考えて判断しましょう。

パートの人が社会保険（厚生年金保険）に入ると将来の年金はいくら増える？　老齢基礎年金＋老齢厚生年金

老齢基礎年金 月額 約**6万5000**円（年額約78万円） ※40年間加入した場合の満額。

＋

増える老齢厚生年金の年金額（月額）の目安

年間給与 / 加入期間	120万円	150万円	200万円	250万円	300万円
1年	500円	600円	800円	1000円	1300円
5年	2500円	3200円	4300円	5100円	6600円
10年	5000円	6400円	8700円	1万0200円	1万3300円
15年	7500円	9600円	1万3000円	1万5300円	2万円
20年	1万円	1万2900円	1万7400円	2万0500円	2万6600円
25年	1万2500円	1万6100円	2万1800円	2万5600円	3万3300円
30年	1万5000円	1万9300円	2万6100円	3万0700円	4万円

年金保険料（月額）の目安

年間給与	120万円	150万円	200万円	250万円	300万円
保険料額	9000円	1万1600円	1万5600円	1万8300円	2万3800円

※年金額及び年金保険料は概数であり、実際の金額とは異なります。

「社会保険適用拡大ガイドブック」（厚生労働省）より

アラフォー出産の注意点

教育費の山が人生の後半に

出産の平均年齢が上がっています。第1子が30・7歳、第2子が32・7歳※。少子化も進んでいて、出産の可能性がある女性の年齢を5歳刻みにしたとき、ほとんどの年齢で前年より出産数が減っています。そんな中で、増えているのが40代前半の出産です。平均よりも約10年遅れの出産には、体調管理はもちろん、お金の面でも注意点があります。

寿命が延びているので、時間はまだ充分にありますが、家族としてのライフイベントが後ろ倒しになるため、家計管理に工夫が必要です。

目の前の子育てで手いっぱいになりがちですが、長期的な視点も持つようにしましょう。

※「令和3年度『出生に関する統計』の概況」(厚生労働省)より

老後資金も意識しながら教育資金を準備する

次ページの表は、30歳で第1子、33歳で第2子を産んだ平均的なケースと、40歳で第1子、43歳で第2子を産んだケースを比較したものです。

30代前半での出産は、60歳前には子育てが終わり教育費の負担がなくなります。一方、40代前半での出産は、子どもを大学まで進学させるなら60歳前後に教育費の山が来て、すぐに老後も始まります。

教育資金と並行して老後資金の準備も始めておかないと、将来、家計が苦しくなるかもしれません。

また、50代になると、親の介護が始まるケースもあります。親の健康状態や資産の状況についても気にかけておいたほうがいいでしょう。介護費用は親の年金や資産から出すのが鉄則。そうしないと自分の生活を守れません。

年齢が高いと給与も高くなる傾向があり、つい教育費をかけたくなりますが、老後資金との兼ね合いで判断しましょう。

出産が後ろ倒しになった分、老後も後ろ倒しにする、つまり人よりも長く働いて収入を確保することも対策として有効です。

お金を貯めやすい時期

教育費がかかる時期

教育費の負担がなくなる時期

30歳で第1子、33歳で第2子出産のケース

自分の年齢	30	31	32	33	34	35	36	37	38	39	40	41	42	43	44	45	46	47
第1子	0	1	2	3	4	5	6	7	8	9	10	11	12	13	14	15	16	17
第2子				0	1	2	3	4	5	6	7	8	9	10	11	12	13	14

自分の年齢	48	49	50	51	52	53	54	55	56	57	58	59	60	61	62	63	64	65
第1子	18	19	20	21	22													
第2子	15	16	17	18	19	20	21	22										

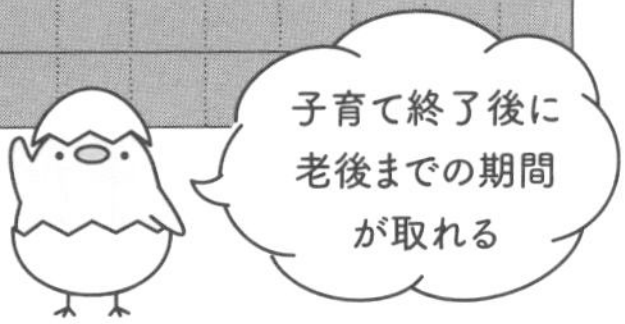

40歳で第1子、43歳で第2子出産のケース

自分の年齢	30	31	32	33	34	35	36	37	38	39	40	41	42	43	44	45	46	47
第1子											0	1	2	3	4	5	6	7
第2子														0	1	2	3	4

出産前の余裕がある時期に貯蓄ができていなかったなら、出産後は気を引き締めて家計管理を

自分の年齢	48	49	50	51	52	53	54	55	56	57	58	59	60	61	62	63	64	65
第1子	8	9	10	11	12	13	14	15	16	17	18	19	20	21	22			
第2子	5	6	7	8	9	10	11	12	13	14	15	16	17	18	19	20	21	22

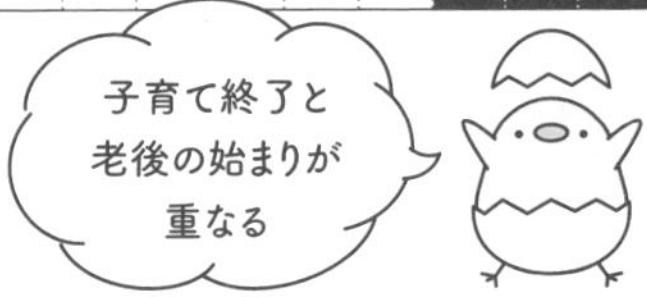

アラフォー出産の家計管理のポイント

- 40代は30代よりも給与水準が高いため子どもにお金をかけたくなるが、老後資金の準備も並行して行うことを意識してバランスをとる。
- 子どもの教育費がかからなくなる時期に自分が何歳かを確認する。
- 子どもが自立してから老後までの期間が短いので、長く働くことで老後資金の準備期間を延ばすことを検討する。

Column

健康保険（公的医療保険）が
適用になる不妊治療の範囲と助成

●体外受精などの基本治療はすべて保険適用

追加的に実施される治療のうち、先進医療に位置付けられるものは保険診療と併用可能。

一般不妊治療

タイミング法　人工授精

生殖補助医療

採卵 採精 …… 体外受精 顕微授精 …… 受精卵・胚培養 …… 胚凍結保存 …… 胚移植

●窓口での負担は治療費の3割　治療費が高額な場合は、高額療養費制度の対象。

●厚生労働省HPに保険診療を受けられる医療機関一覧が掲載されている。

●事実婚も保険適用の対象。

●体外受精・顕微授精は年齢と回数に制限

年齢制限　治療開始時において
女性の年齢が43歳未満であること

回数制限　初めての治療開始時点の女性の年齢が、
40歳未満 ……………… **通算6回まで**（1子ごとに）
40歳以上43歳未満 … **通算3回まで**（1子ごとに）

●特定不妊治療（体外受精・顕微授精）には費用の一部を助成（所得制限なし）

給付は1回30万円、男性不妊治療30万円

「不妊治療に関する取組」（厚生労働省）より作成

Column

妻の死亡にも備えを

民間の生命保険で死亡保障を確保する場合、夫が加入するのが一般的です。しかし、妻が万一のときの備えも検討してください。

共働きで夫婦の収入の合計で家計が成り立っている場合は、妻の収入が無くなると収支が厳しくなります。

妻が専業主婦の場合は、収入は減らないけれど、残された夫は1人で仕事と家事、子育てを担うことになります。家事代行やベビーシッターの費用がかさむかもしれません。住宅ローンを夫1人で組んでいるならローンの返済は続きます。

妻が死亡した場合の社会保険からの給付（51ページ）を確認。夫の収入や年齢によって給付額が異なります。近くに手助けしてくれる親族などがいるかどうかも考慮して、必要と思う金額を死亡保険で備えます。

Column

傷病手当金とは?

健康保険の加入者が、病気やケガで仕事を休み給与がもらえないときに支給されます。

連続して3日以上休んだ場合に4日目から休んだ日数分。支給期間は開始日から通算して1年6か月。

1日当たりの支給額は、過去1年間の平均給与月額を30日で割って日額を出し、この3分の2程度。

傷病手当金からは税金や社会保険料は引かれないので、手取り給与より少なめ程度です。給与がもらえないときに給付を受けられるのは心強いですね。勤務先から傷病手当金よりも多く給与が出たら支給なし。給与が出ても傷病手当金よりも少ないなら差額が支給されます。

パートでも社会保険（健康保険）加入なら傷病手当金をもらえるので、イザというときの備えになります。

傷病手当金は3日以上休んだら（待機期間3日）4日目から支給

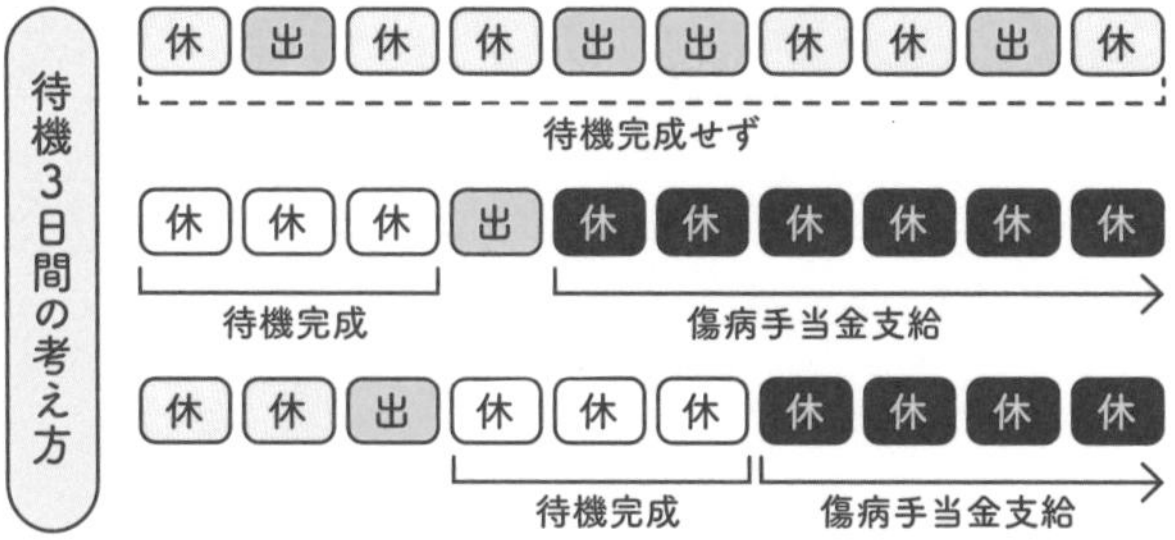

全国健康保険協会のWebサイトより作成

Column

なぜ103万円なの？
知っておきたい給与所得控除と基礎控除

給与をもらって働く人は、年収が103万円を超えると所得税がかかります。なぜ103万円なのでしょうか。税金を計算する際に収入から給与所得控除を引くことができるからです。

例えば1年間のパート収入が103万円なら、給与所得控除の55万円（下の表参照）を引けるので48万円に。これが給与所得です。さらに、所得税の計算では、一律48万円の基礎控除を引いて課税所得を計算します。給与所得が48万円なら基礎控除48万円を引くと課税所得はゼロに。つまり年収103万円以下は所得税がかかりません。

一方、住民税の基礎控除は43万円。ただし、自治体ごとに住民税がかからない非課税限度額が決まっているなど計算式が異なり、おおむね年収100万円以下なら住民税がかからない自治体が多いようです。

給与所得控除額の計算式

給与等の収入金額 （給与所得の源泉徴収票の支払金額）	給与所得控除額
162万5000円まで	55万円
162万5001円 ～180万円まで	収入金額×40％－10万円
180万0001円 ～360万円まで	収入金額×30％＋8万円
360万0001円 ～660万円まで	収入金額×20％＋44万円
660万0001円 ～850万円まで	収入金額×10％＋110万円
850万1円以上	195万円（上限）

国税庁のWebサイトより作成

3歳から6歳まで

3

この時期のアクション

- 幼児教育・保育の無償化の認定を受けましょう。
- 無償にならない費用や、家庭で出す教育費の予算を考えましょう。
- 幼児期にいろいろな体験をすることは重要。お金の使い方にメリハリをつけ、家族で過ごす時間を大切に。
- 働き方と子育てのバランスを考えましょう。
- 小学校入学の前年秋から入学準備を始めましょう。

第4章

小学1～3年まで

小学1〜3年まで

4 私立、公立、国立どう違う？

子どもが満6歳になったら9年間の教育は親の義務

日本では、6歳から9年間の教育を受けさせることが親の義務として法律で定められています。そして国や自治体が設置する学校での義務教育は授業料が無償と決まっています。一方、私立学校は授業料を取ることが認められています。義務教育で使う教科書は、私立、公立、国立いずれも無償です。

小学校の数は圧倒的に公立が多く、住んでいる区域の小学校に入学できます。学習指導要領をもとに授業が行われます。国立や私立は入学者を選抜して特徴のある教育を行います。教育理念に共感して小学校受験をする家庭もありますが、学校数も在学者数も少なく少数派です。

小学校の学校数と在学者数

	学校数	在学者数
公立	1万9028校	610万7701人
国立	67校	3万6171人
私立	241校	7万9522人
合計	1万9336校	622万3394人

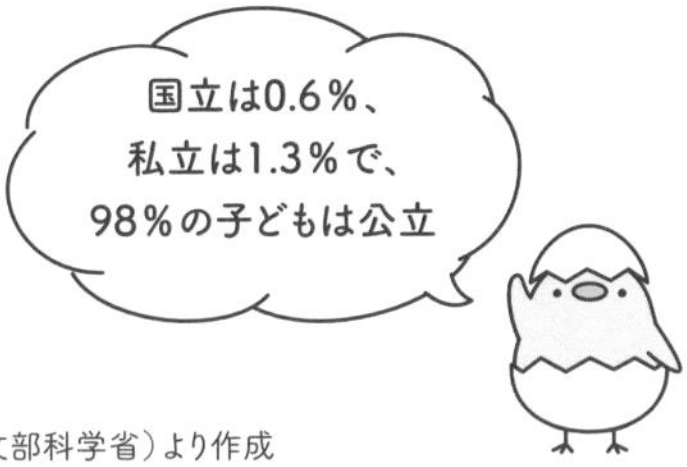

「令和3年度 学校基本調査」（文部科学省）より作成

私立小学校の教育費は公立の約5倍

国・公立小学校では授業料はかかりませんが、給食費や修学旅行費など保護者が出す費用もあります。私立小学校では授業料に加えて、やはり制服の費用なども高く、通学定期代や寄付金を払うケースも。子どもの教育費に関する調査では、これらの学校で教育を受けるための費用を学校教育費と呼びます。

学校以外でも、本や参考書を買う、習い事の月謝を払うなど多くの家庭では教育のために支出をしています。これらを学校外活動費と呼びます。

授業料が必要なことから、私立小学校では学校教育費が公立に比べて高くなり、学校外活動費も公立よりも多く支払っています。

学校教育費と学校外活動費を合わせて保護者が払った教育費の総額は、学年にもよりますが、私立小学校では公立の5倍前後になります。

国立、公立、私立の違い

国立小学校

国立大学の付属学校として実験的・先導的な教育を行う。入試あり。

公立小学校

市区町村が設置。地域に住む子どもに**共通の一般的・基礎的な教育**を行う。入試なし。

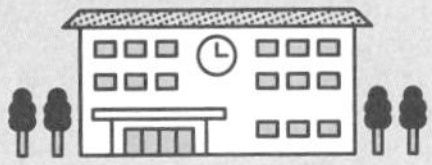

私立小学校

学校法人が設置。学校ごとに**特徴のある教育**を行う。入試あり。

保護者が出した学習費総額（学年別・年間の教育費）

学習費総額 ＝ 学校教育費 ＋ 学校給食費 ＋ 学校外活動費

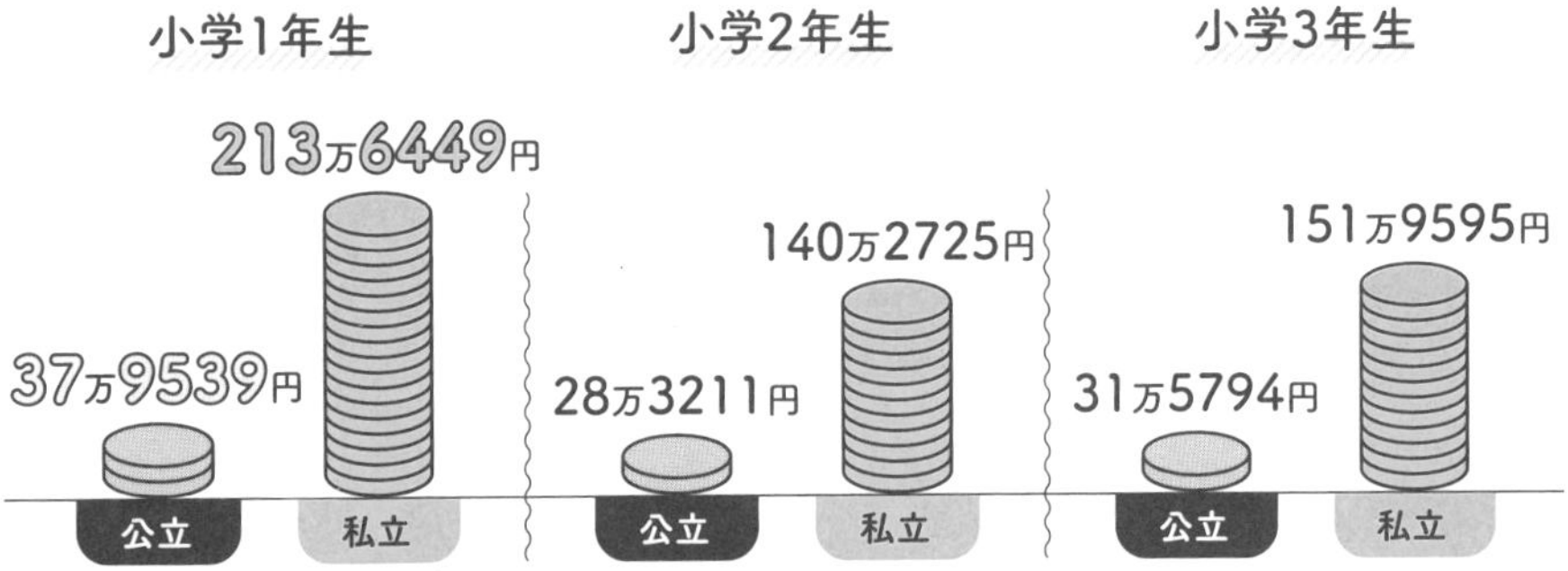

「令和3年度 子供の学習費調査」（文部科学省）より作成

小学1〜3年まで

4

小学校低学年の教育費

学校教育費は月平均で、公立1万円前後、私立10万円前後

　前のページで紹介した学習費総額の内訳（下の表）を見てみましょう。

　学校に通うための学校教育費は公立なら年間4万〜13万円、給食費を加えると8万円〜17万円。月平均では7000円〜1万4000円。

　私立の学校教育費は年間84万円〜146万円。給食費が5万円ほどかかるので合計で89万円〜150万円。月平均では7万円〜13万円。

　公立も私立も、1年生の通学用品費が高めです。ランドセルなど通学に必要な物品の購入費です。

　教科書は無償ですが、学用品・実験実習材料費は有償、公立ではこの比率が高く、私立では授業料、その他の学校納付金が高くなっています。

小学校低学年の学年別教育費の内訳（年額）

（円）

	公立小学校			私立小学校		
	1年生	2年生	3年生	1年生	2年生	3年生
学習費総額	37万9539	28万3211	31万5794	213万6449	140万2725	151万9595
●学校教育費	**12万7375**	**4万2235**	**4万7354**	**145万5758**	**83万9520**	**86万2993**
授業料	0	0	0	51万9682	53万0095	55万1127
修学旅行・遠足・見学費	1071	989	1253	1万0205	1万4087	2万0098
学級・児童会・生徒会費	3082	2931	3512	8767	1万1982	7921
PTA会費	2610	2514	2478	7007	5884	4903
学校納付金など	2619	1886	1630	51万1394	12万0541	11万5501
寄附金	11	85	39	8万1824	1万5313	1万5633
教科書費・教科書以外の図書費	4773	3471	5497	2万6906	1万7661	1万7494
学用品・実験実習材料費	3万2051	1万5431	1万8973	5万6128	2万2630	2万9634
教科外活動費	1533	876	1197	1万0340	8367	5826
通学費	1194	580	1084	5万2849	4万5234	4万3876
制服	5569	1101	1353	8万3981	2万0574	2万6388
通学用品費	6万5079	8995	7055	6万4823	1万3420	1万2372
その他	7783	3376	3283	2万1852	8856	1万2220
●学校給食費	**3万9478**	**3万8689**	**3万8202**	**4万4418**	**5万1940**	**3万9895**
●学校外活動費	21万2686	20万2287	23万0238	63万6273	51万1265	61万6707

「令和3年度 子供の学習費調査」（文部科学省）より作成

毎月の家計から出す学校教育費を確保

公立で授業料が無償でも、家庭からの支出がゼロではありません。紹介したデータは全国平均なので、地域による差も多少はあります。とはいえ目安にはなりますね。毎月の家計から出す学校教育費の予算を取っておきましょう。

ランドセルや制服、学用品などは学校内でリサイクル品を提供するケースもあります。子どもが2人以上いるなら、よりしっかりと教育費の管理を心掛けたいですね。

所得が一定額以下の世帯には、家庭の負担を減らすための就学援助費があります。

私立小学校への進学は、年間100万円前後の学校教育費をゆとりをもって出せる家庭でなければ難しいでしょう。入学してからの教育費の他、入試対策として通う塾の費用や、受験費用もかかります。

公立小学校1年生の学校教育費の内訳（給食費を除く・年間）

通学用品費 51%

学用品・実験実習材料費 25%

授業料	0%
教科書費・教科書以外の図書費	4%
制服	4%
学級・児童会・生徒会費	3%
PTA会費	2%
その他の学校納付金	2%
修学旅行・遠足・見学費	1%
教科外活動費	1%
通学費	1%
寄附金	0%
その他	6%

「令和3年度 子供の学習費調査」（文部科学省）より作成

公立小学校の学校教育費の内訳では、1年生は通学用品費がもっとも多い。2年生、3年生は学用品・実験実習材料費が多い。

+1point!

就学援助費とは？

学用品費、給食費、修学旅行費など学校でかかる費用を、義務教育期間の子どもを持つ保護者に市区町村が援助するのが就学援助費です。対象は生活保護世帯とそれに準ずる世帯。所得の上限は自治体で規定しています。対象になるなら申請書を学校または自治体に提出します。

小学1〜3年まで

4 学校以外にもかかるお金

学校外活動費は月平均で 1万8000円〜4万9000円

各家庭の判断で使う教育費が、学校外活動費です。使い道は主に2つ。

1つは、学校教育に関連する補助学習費で、参考書の購入や塾代など。学習机、椅子、本棚なども家庭内学習費の物品費として含まれ、その分、1年生では、2年生、3年生よりも高くなっています。もう1つは、その他の学校外活動費で、キャンプなどの野外活動、ピアノなど習い事やスポーツクラブの月謝、芸術鑑賞、本の購入費など。

補助学習費と、その他の学校外活動費を合わせると、年間では公立が20万円ちょっと、月額で1万8000円程度、私立は年間約59万円、月額で4万9000円程度です。

小学生（低学年）の学年別学校外活動費の内訳（年額）

（円）

	公立小学校			私立小学校		
	1年生	2年生	3年生	1年生	2年生	3年生
●学校外活動費	21万2686	20万2287	23万0238	63万6273	51万1265	61万6707
○補助学習費	8万1474	6万7135	8万8450	29万0501	20万2710	29万0089
家庭内学習費（物品費・図書費）	3万2175	1万1216	1万1131	7万5259	3万9153	3万2617
家庭教師費等	1万7675	2万1454	2万2342	3万9077	3万2391	3万8315
学習塾費	3万1181	3万3365	5万4172	17万1797	12万7924	20万8636
その他	443	1100	805	4368	3242	1万0521
○その他の学校外活動費	13万1212	13万5152	14万1788	34万5772	30万8555	32万6618
体験活動・地域活動	4346	3645	5069	2万8983	1万3599	1万4833
芸術文化活動（習い事の月謝その他）	3万4473	3万4918	3万5544	9万3667	8万9505	10万7745
スポーツ・レクリエーション活動	5万5949	5万9106	6万3289	10万2720	10万6007	9万8881
教養・その他	3万6444	3万7483	3万7886	12万0402	9万9444	10万5159

学校外活動費＝補助学習費＋その他の学校外活動費

「令和3年度 子供の学習費調査」（文部科学省）より作成

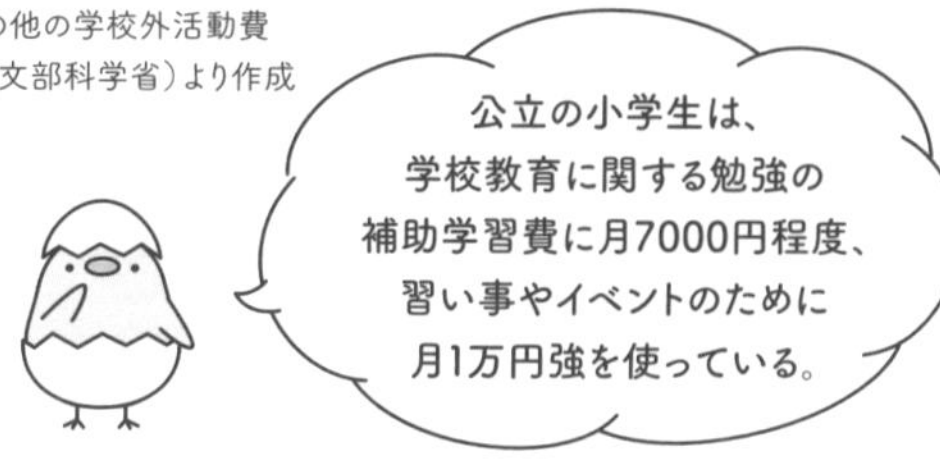

親の判断で決められる学校外活動費

学校教育費、学校給食費、学校外活動費を合わせた学習費総額は、公立でも年間30万円程度。その3分の2、約20万円が学校外活動費です。入学した学校で金額がほぼ決まる学校教育費に対して、学校外活動費は親の判断で決められます。教育費を節約したいなら、ここが対象です。とはいえ、子ども時代に様々な体験をしておくことは重要ですから、費用は減らしても、活動は減らさない方向で工夫したいですね。スポーツなど保護者が得意なことがあれば教室に通わせるのではなく親が教える、公営の施設を活用するなど。

小学生になると未就学児のときよりしっかりしてくるので外出する際の活動範囲も広がります。思春期に入る前の小学校低学年は、家族で過ごすのに最適な時期。様々なイベントを親子で楽しみましょう。

公立小学校2年生の学校外活動費の内訳（年額）

スポーツ・レクリエーション活動
29%

芸術文化活動（習い事の月謝その他）
17%

教養・その他
19%

学習塾費
16%

家庭内学習費（物品費・図書費）……6%
家庭教師費等……11%
補助学習費のその他……1%
体験活動・地域活動……2%

学習塾の費用はまだそれほど多くなく、
半分以上を占めるのが習い事やスポーツ、
動物園の入場料（教養・その他）など。

小学1〜3年まで

4 子どもを預ける［小学校低学年］

小学生の子どもを預かる学童保育は公立と民間がある

保護者が働いているなど家庭で面倒を見られない場合に、放課後や、夏休みなどの一定の時間、子どもを預かるのが学童保育です。正式には放課後児童健全育成事業といいます。主に公立と民間があります。

公立は学校の空き教室や校内、児童館などに設置され、運営も自治体が行う施設と、運営は民間事業者に委託する施設があります。遊びと生活の場を提供するのが目的で、保育士などの資格を持つ指導員が配置され、おやつも提供されます。

定員があり、保護者の仕事の状況などを申請して申し込みます。公立は料金が安いため希望者が多く、施設によっては待機児童もいます。

学童保育の主な種類

	公立	民間
設置	自治体	企業や団体
運営	自治体または自治体から委託された事業者	企業や団体
申し込み先	各学童クラブ	
利用できる子どもの年齢	小学3年生までが多い、6年生まで受け入れるクラブも	
料金の目安	月数千円から1万円前後	利用時間や内容により月数万円〜入会金が必要な施設も

公立：学校内や学校から近いところがほとんどなので、同じ学校の友達と一緒に時間を過ごせる

民間：預かり時間の延長、送迎、習い事ができるなど施設ごとに独自のサービスがある

+1point!

小学1年生から入るには前年秋に申し込みを

学童保育の1年は学校と同じ4月から翌年3月まで。入学と同時に学童クラブを利用するには前年の秋には申し込みが必要です。定員に空きがあれば途中から入れる施設もありますが、通常は申し込み期間が決まっています。入学する予定の小学校の近くにある学童クラブを調べて、早めの準備を。

延長保育や習い事など施設ごとに特徴がある民間学童

民間学童は、各事業者が設置して運営しています。大手塾の系列なら学習のサポートが手厚いなど、それぞれに特徴があります。英語やプログラミングを習える、習い事への送迎を行う、22時まで預かり夕食が提供される、夏休みはキャンプなどのイベントを実施する施設も。

その分、費用は公立に比べて高く、月数万円から、利用内容によっては10万円を超える場合も。忙しい共働き世帯には、ありがたいサービスが多い民間学童ですが、利用するなら、サービス内容や料金を事前にしっかり確認しましょう。

民間学童の設置には、自治体への届け出が必要で、自治体によっては、民間学童に補助金を出すところもあります。民間学童も、厚生労働省の放課後児童クラブ運営方針に沿って運営されます。

学童クラブに登録している子どもは年々増えて全国で約140万人、待機児童は1万5000人

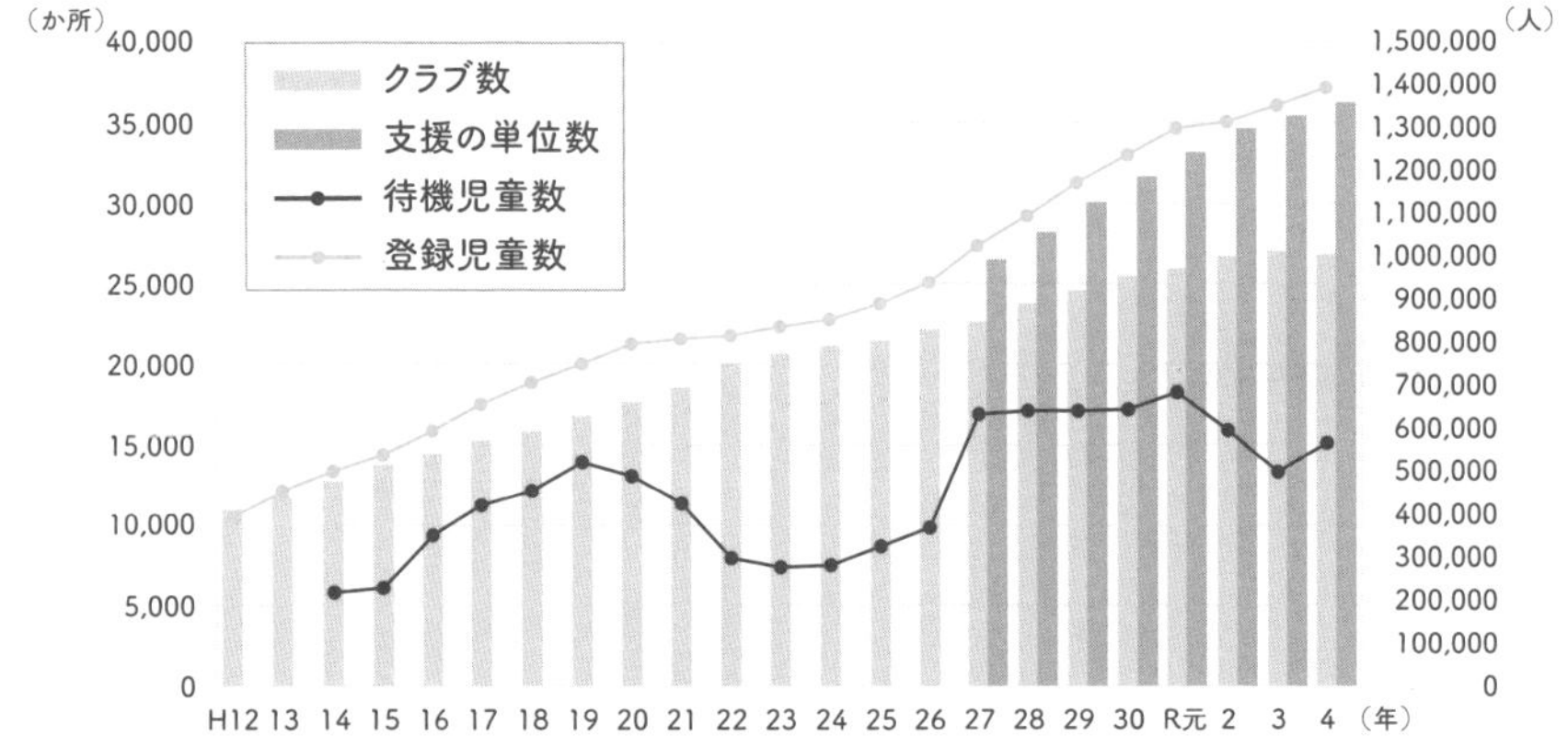

※5月1日現在（令和２年のみ7月1日現在）厚生労働省調査より作成

民間学童クラブは全体の4分の1程度

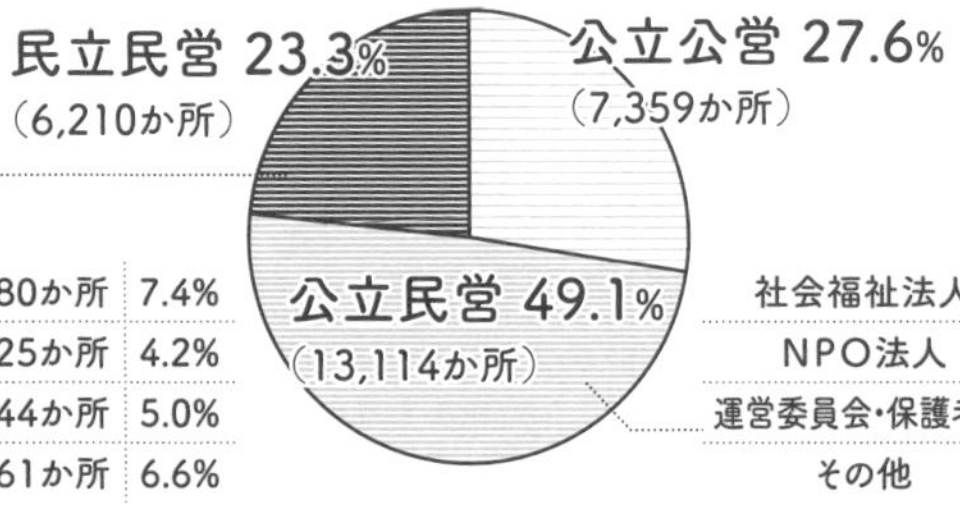

社会福祉法人	1980か所	7.4%
NPO法人	1125か所	4.2%
運営委員会・保護者会	1344か所	5.0%
その他	1761か所	6.6%

社会福祉法人	3502か所	13.1%
NPO法人	1867か所	7.0%
運営委員会・保護者会	2983か所	11.2%
その他	4762か所	17.8%

小学1〜3年まで

4 おこづかいとお金の教育［小学校低学年］

低学年でおこづかいをもらうのは半分以下

小学生になると、そろそろおこづかいを渡した方がいいかなと考える家庭もあるでしょう。調査によれば、1年、2年、3年と学年が上がるほど、おこづかいをもらう子どもは増えていきます。それでもまだ半分には届きません（下の表）。金額は月当たり数百円〜2000円程度。

一方、ほとんどの子どもはお年玉をもらっています。金額は平均で2万円程度。使い道は貯金が1位。子どもが自分でというより親が管理して貯金していると推測されます。2位以下はおもちゃやゲーム関連、本・雑誌が続きます。

算数を習い始めるので、お金の教育も考えたい時期です。

小学生（低学年）のおこづかい（月額）

	1年生	2年生	3年生
なし	80.5%	77%	62%
1〜500円未満	7.5%	5.5%	12.5%
500円〜1000円未満	5%	6%	11%
1000円〜2000円未満	4.5%	6%	8.5%
2000円以上	2.5%	5.5%	6%

学研教育総合研究所（Gakken）「小学生白書（2021年8月調査）」より作成

小学校（低学年）がもらうお年玉の総額

	1年生	2年生	3年生
50,000円以上	9%	7.5%	10%
35,000〜50,000円未満	2.5%	5%	1.5%
30,000〜35,000円未満	10%	16%	16.5%
25,000〜30,000円未満	4%	2.5%	3%
20,000〜25,000円未満	16%	13.5%	19%
15,000〜20,000円未満	5.5%	7.5%	10%
10,000〜15,000円未満	21.5%	16.5%	19%
5,000〜10,000円未満	12.5%	9.5%	9.5%
1〜5,000円未満	5.5%	10.5%	2.5%
なし	13.5%	11.5%	9%

学研教育総合研究所（Gakken）「小学生白書（2021年8月調査）」より作成

渡し方は、定額制？それとも報酬（お手伝い）制？

子どものお金への興味を見ながら、おこづかいを渡し始める時期を検討します。毎月決まった金額の定額制か、お手伝いをしたら渡す報酬制か。

定額制は、手持ちの範囲でやりくりする、お金が足りなければガマンする、欲しいものがあるときはおこづかいを貯めて買うなどを学ぶきっかけになります。報酬制は、自分が行動してお金を得ることを学べます。組み合わせる方法もあります。

定額制の場合の金額は、おこづかいで買うもので決めましょう。使い道で多いのは、お菓子などの食べ物、おもちゃ、本・雑誌、文房具、ゲーム類、キャラクターグッズなど。

子どもにとって１か月は長いので１週間ごとでもいいですね。例えば週に３００円なら１か月（４週）では１２００円。多くても月２０００円くらいが適切ではないでしょうか。

お年玉の使い道

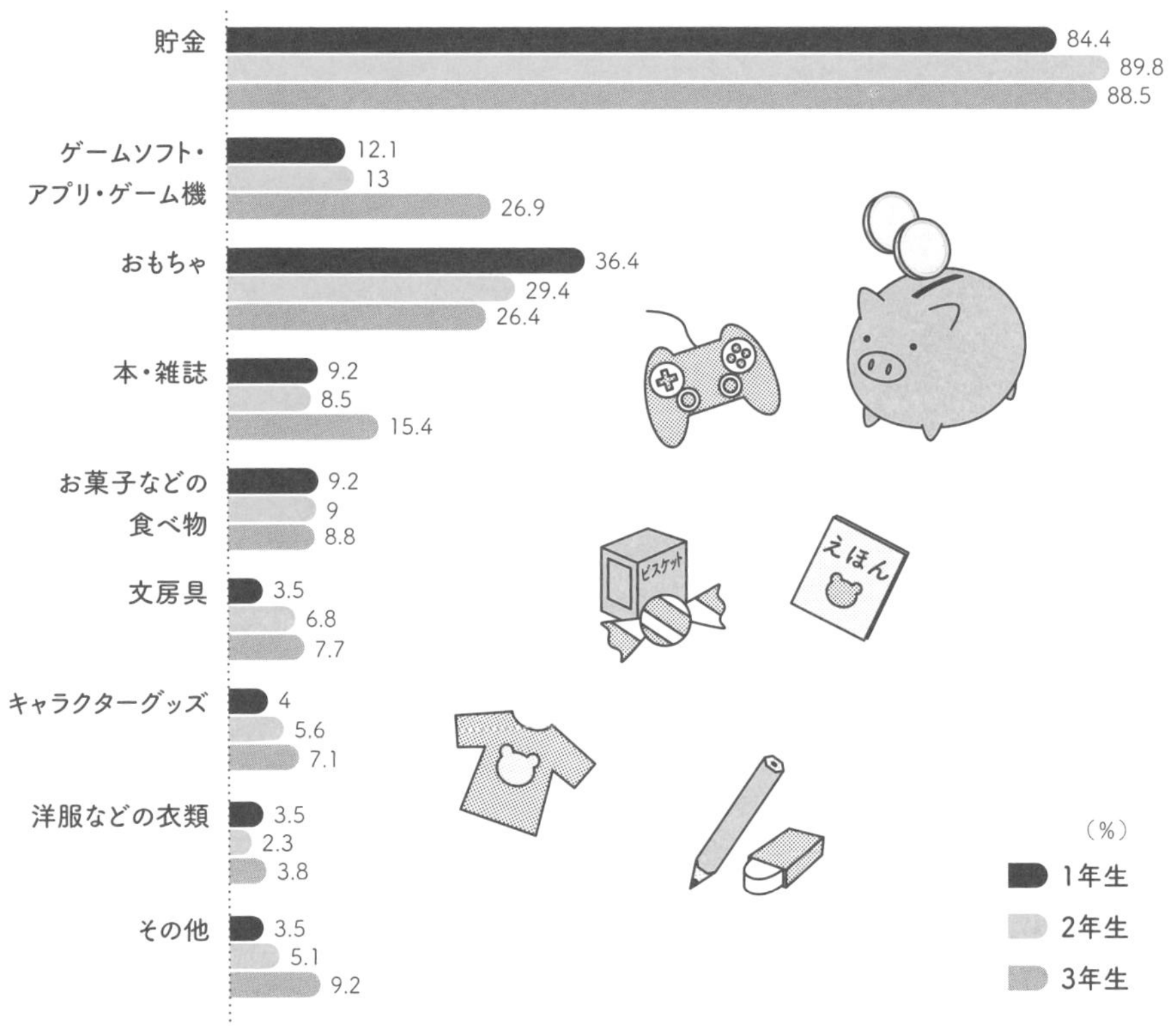

学研教育総合研究所（Gakken）「小学生白書（2021年8月調査）」より作成

Column

キッズケータイや防犯ベルなどのセキュリティにかかる費用

送り迎えが基本だった幼稚園や保育園から、小学生になると親の付き添いなしで友達と一緒にあるいは1人で登下校をするようになります。習い事などで行動半径も広がります。

安全のために防犯ベルやキッズケータイを持たせる場合は、入学時に揃えるといいでしょう。防犯ベルは在学中、自治体などが貸与するケースもあるようです。

キッズケータイは、最低限の機能に絞れば、購入時に1～2万円、購入後の料金は1000円程度が目安です。

Column

自分が奨学金を抱えているなら
繰り上げ返済を検討

奨学金の返済をしながら、結婚して子どもを育てている人が増えているようです。大学生の半数近くが奨学金を借りているというデータもありますから、これからもっと増えそうです。

借りた金額にもよりますが、奨学金の返済は卒業後10～20年続きます。返し終わるのは30～40代。奨学金を返済しながら、結婚、出産、子育ての時期を過ごすことになります。奨学金は他の借入金に比べて金利が低いのがメリットですが、毎月返済があることで、家計にゆとりがなくなるケースもあります。

子どもが小さい間は、教育費も少なめですむので、この時期に家計を引き締め、繰り上げ返済を行って残高を減らしておきましょう。

奨学金も、住宅ローンと同様に、借入金の一部繰り上げ返済ができます。繰り上げ返済をすると、その分、利息が減り、残りの返済回数も減って、完済までの期間を短くできます。

子どもの教育資金の準備と合わせて、自分が抱えている負債を減らすことは重要な家計管理。

もし返済が苦しくなったときは、滞納する前に必ず借入先（日本学生支援機構など）に連絡を取り、対策を検討しましょう。

小学1～3年まで

4

この時期のアクション

- [ ] 公立なら、無償にならない給食費などの費用と習い事を合わせて教育費の予算を考えましょう。
- [ ] 私立なら、大学卒業までの長期で教育費の支出をシミュレーションしましょう。
- [ ] 子どものお金への興味に合わせて、おこづかいの渡し方を考えましょう。
- [ ] まだそれほど教育費がかからない時期。家計をひきしめて、しっかり貯蓄。
- [ ] 保護者が自分自身の奨学金を返済しているなら、繰り上げ返済を検討しましょう。

第5章

小学4〜6年まで

小学4〜6年まで

5

小学校高学年の教育費

進路・学年により 年間約33万円〜１６８万円

保護者が出す教育費は、学校で学ぶための費用（学校教育費＋学校給食費）と、家庭での教育費用（学校外活動費）があります。合計したものが学習費総額です。

小学校高学年では、公立、私立ともに、学年が上がるにつれて学習費総額が増えていきます。

公立は、４年生では年間で約33万円、６年生になると約42万円。私立は、４年生では約１５９万円、６年生では約１６６万円です。

下の表は、学習費総額と内訳をまとめたものです。６年生は、学校教育費の「修学旅行・遠足・見学費」が増えています。最終学年でのイベント費用が増加の理由の１つです。

小学校高学年の学年別教育費の内訳（年額）

（円）

	公立小学校			私立小学校		
	4年生	5年生	6年生	4年生	5年生	6年生
学習費総額	32万9198	38万0774	42万3506	159万2088	168万3972	166万4831
●学校教育費	4万5182	5万5170	7万9737	87万0900	86万3262	86万5593
授業料	0	0	0	54万6935	53万4387	53万5432
修学旅行・遠足・見学費	1918	5162	2万0669	1万7631	1万7192	3万4390
学級・児童会・生徒会費	3548	3593	4130	9534	1万0297	7818
PTA会費	2508	2635	2647	5299	5819	6358
学校納付金など	1763	2638	2359	13万0816	11万8372	12万8219
寄附金	40	64	246	1万0839	9887	1万0522
教科書費・教科書以外の図書費	4675	5563	5165	1万6342	1万8510	1万5755
学用品・実験実習材料費	1万6815	1万8780	1万4913	2万5671	3万1250	2万1058
教科外活動費	1724	4106	4179	1万0616	9104	7992
通学費	1020	712	2136	4万1549	4万8787	5万0997
制服	1757	1463	4961	3万3830	3万2661	1万6943
通学用品費	6106	6828	7504	1万2738	1万1932	1万2329
その他	3308	3626	1万0828	9100	1万5064	1万7780
●学校給食費	3万8967	3万8953	3万9751	4万4673	4万5158	4万4663
●学校外活動費	24万5049	28万6651	30万4018	67万6515	77万5552	75万4575

学習費総額＝学校教育費＋学校給食費＋学校外活動費

「令和3年度子供の学習費調査」（文部科学省）より作成

公立は月当たり約３万円 私立は月当たり約14万円

　学習費総額を3年間でならして月当たりを出すと、公立は約３万円、私立では約14万円。全国平均の調査データですから、実際には各家庭で判断して出すことになります。

　公立の場合、学校教育費と学校給食費は学校からの案内に従って払うので大きく減らすことは難しいでしょう。学習費総額のうち約４分の３を占めるのが学校外活動費で、年間25万〜30万円を支出しています。ここをどう考えるかがポイントです（詳細は次ページ）。

　私立の家庭は、年間の授業料などは支払えると判断したから進学させたと思いますが、想定していなかった支出があるかもしれません。私立では、学習費総額のうち学校外活動費が半分近くを占めます。余裕があるなら問題ありませんが、見直すなら、やはり学校外活動費でしょう。

公立小学校4年生の学校教育費の内訳（給食費を除く・年間）

学用品・実験実習材料費 37%

教科書費・教科書以外の図書費 10%

通学用品費 14%

学級・児童会・生徒会費	8%
PTA会費	6%
修学旅行・遠足・見学費	4%
その他の学校納付金	4%
教科外活動費	4%
制服	4%
通学費	2%
寄附金	0%
その他	7%

小学4〜6年まで

5

低学年より増える出費は？

公立・私立ともに塾代が増加

　家庭が出す学校外活動費は、大きく2つ。学校の勉強を補う補助学習費とその他の学校外活動費です。

　公立小学校では、低学年の間は習い事やスポーツなどにあてる「その他の学校外活動費」の方が多く補助学習費の2倍近く使っています（90ページ参照）。ところが高学年では、その他の学校外活動費が減って補助学習費が徐々に増えていきます。補助学習費が増える原因は学習塾費の増加です。私立小学校では、家庭教師費等も増えています。

　次ページのグラフは公立小学校の学習塾費の推移です。公立、私立ともに学年が上がるにつれて、勉強のための費用がかさむようになります。

小学生（高学年）の学年別の学校外活動費の内訳（年額）

（円）

	公立小学校			私立小学校		
	4年生	5年生	6年生	4年生	5年生	6年生
●学校外活動費	24万5049	28万6651	30万4018	67万6515	77万5552	75万4575
○補助学習費	11万6525	16万6695	19万7039	39万6777	53万6696	55万8836
家庭内学習費（物品費・図書費）	1万0731	1万1320	1万0453	3万0939	3万8063	3万9638
家庭教師費等	2万2920	2万7283	2万7331	5万6006	5万4037	9万9204
学習塾費	**8万1635**	**12万5821**	**15万5013**	**30万3449**	**43万3441**	**40万5057**
その他	1239	2271	4242	6383	1万1155	1万4937
○その他の学校外活動費	12万8524	11万9956	10万6979	27万9738	23万8856	19万5739
体験活動・地域活動	3190	2919	2717	1万3123	1万3323	4579
芸術文化活動（習い事の月謝その他）	2万8204	2万9460	2万9627	10万1352	8万7745	7万3895
スポーツ・レクリエーション活動	6万0065	5万4765	4万7684	8万5905	6万9219	6万2267
教養・その他	3万7065	3万2812	2万6951	7万9358	6万8569	5万4998

学校外活動費＝補助学習費＋その他の学校外活動費

「令和3年度 子供の学習費調査」（文部科学省）より作成

オンライン塾利用で節約 勉強と体験のバランスも考慮

学習塾の費用は、教室形式か個別指導かなどにより塾ごとに異なります。また学校の勉強の補習なのか、中学受験の対策なのかによっても、塾の選び方と費用が違ってきます。

ここ数年増えているのが、パソコンやタブレットなどを使ったオンライン塾です。自宅で受けられて、費用も対面より安いのが特徴です。

塾に通わせる目的をはっきりさせた上で、費用はもちろん子どもに合うかどうかも考慮しましょう。保護者に得意な分野があれば、保護者が教えることも検討してください。

大学まで進学させる予定なら、大学入試の動向は要チェックです。1回の筆記試験で合否を決める一般選抜が減り、多面的に評価する総合型選抜などが増えています。得意分野を伸ばし、様々な経験をすることが有利になるケースもあります。

公立小学校6年生の学校外活動費の内訳（年額）

学習塾費 51%

家庭教師費等 9%

家庭内学習費（物品費・図書費）3%

- スポーツ・レクリエーション活動 …… 16%
- 芸術文化活動（習い事の月謝その他）…… 10%
- 教養・その他 …… 9%
- 補助学習費のその他 …… 1%
- 体験活動・地域活動 …… 1%

公立小学校の学年別の学習塾費（年額）

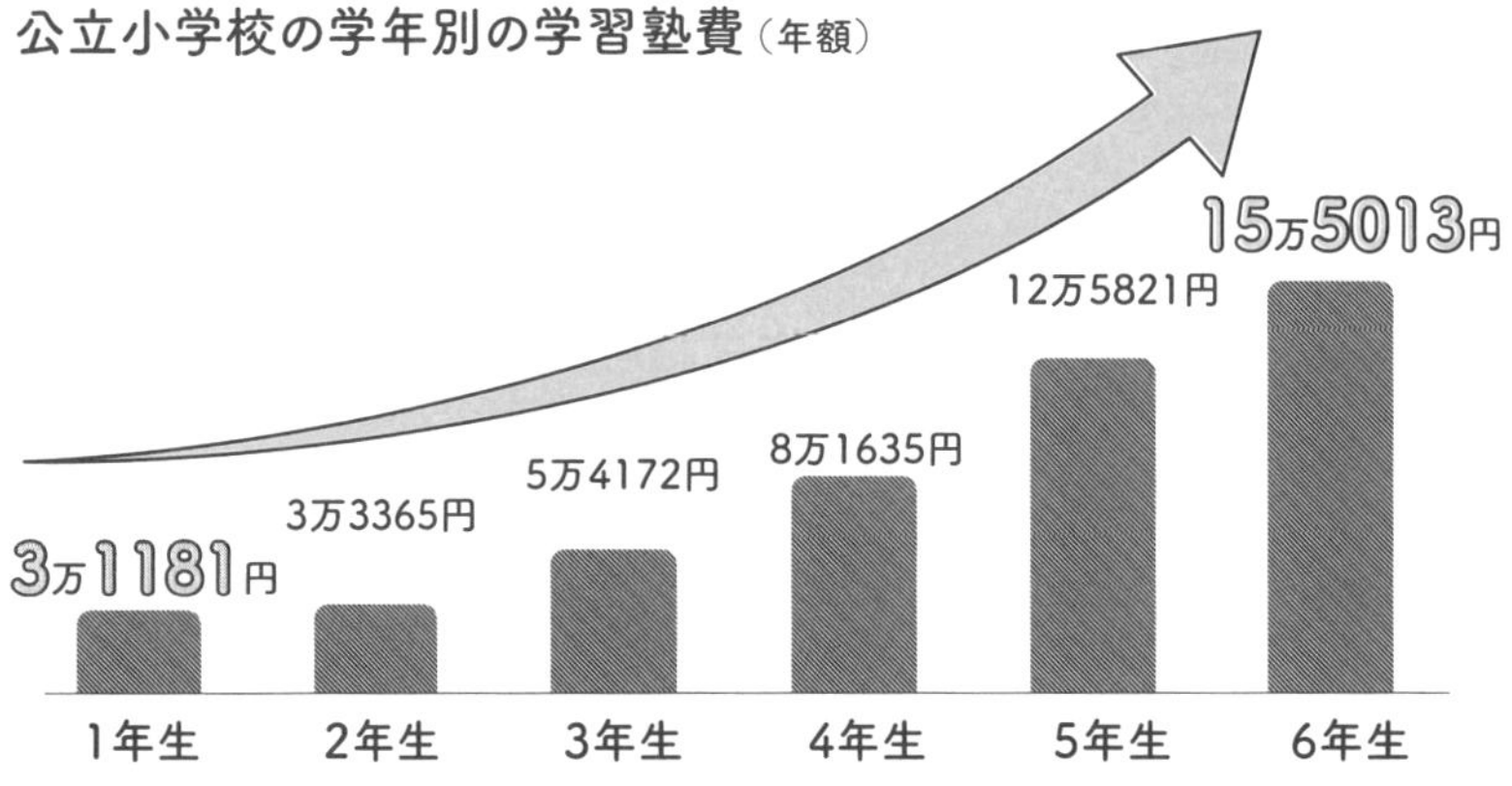

小学4〜6年まで

5 中学受験にかかるお金

年間100万円前後の塾代と受験費用がかかる

都市部では中学受験をする子どもの割合が高く、その場合、小学3年生の2月から塾に通うのが一般的。

塾の費用は、選択する科目などによりますが、全国平均の調査データよりかなり高く、年間100万円前後が目安。通常の授業以外に、夏期講習や、直前特訓などを受けると追加の費用がかかり、学年が上がるにつれ高くなる傾向があります。

年間100万円で6年生まで通うと300万円です。

受験の際には、滑り止めを含め受験する学校分の受験料も必要です。

塾や受験の費用を、月々の収入や、その年の収入から出せることが、家計から見た中学受験の条件です。

中学受験のために塾に通った場合の費用の例

入塾金……………………………**2万〜3万円**程度

受講料……………………………**月2万円〜8万円**程度

春期講習・夏期講習など……**1回3万〜20万円**など

関連する費用

徒歩圏内ではない場合の交通費

文房具や教材費

塾前後の飲食費

受験後の10年間を予測して計画を

中学受験はゴールではありません。合格して国・公立より学費が高い私立に進学した場合、その後の大学が国・公立でも私立でも、大学卒業までの10年間は毎年かなりの教育費がかかり続けます。大学の授業料は国・公立でも年間約54万円、私立はもっと高いところが多いからです。

目の前の中学受験のみならず、進学を希望する中学の授業料および、大学卒業までの教育費をざっくり計算した上で計画を立てましょう。

受験や合格後の費用を抑えるには、公立の中高一貫校を目指す、特待生を目指す、オンライン塾を活用するなどがあります。

進学先の校風が子どもに向いているか、子どもが望んでいるかという学校選びの基本に加えて、年間いくらまでなら出せるか、家計の状況も考えて無理のない選択をしましょう。

費用を抑える方法

その1　**公立の中高一貫校**を目指し、合格できなければ地元の公立に進学する。

その2　上位で合格できそうな学校から**特待生制度**（成績優秀者は入学金や授業料を免除）のある学校を選んで受験する。

その3　対面形式の塾ではなく、**オンライン塾を利用**する。

受験費用

受験料

- 私立は1校当たり2万円〜3万円程度
- 国立は5000円程度
- 公立中高一貫校は2000円程度

＋

試験当日の交通費

- 親が付き添うなら親の分も

例えば私立を3校受けたら
6万〜9万円程度＋交通費

小学4〜6年まで

5 おこづかいとお金の教育［小学校高学年］

おこづかいをもらう子どもは約半数

学年が上がるにつれて、おこづかいをもらう子どもの割合が増えていきます。6年生ではほぼ半数がもらっています。

おこづかいを渡す目的は、お金との付き合い方を学ぶことです。ほんとうに欲しいのか、値段に見合う価値があるか、よく考えるには、実際に自分の判断でお金を使ってみるのが有効です。買ってよかった、もう少し待てばよかったなど感じることがあるはずです。

欲しいものがある都度、親が買い与えるのではなく、お金とものやサービスを交換する体験をさせましょう。積み重ねることで、実感を持って学ぶことにつながります。

小学生（高学年）のおこづかい（月額）

	4年生	5年生	6年生
なし	56.0%	50.5%	46.5%
1〜500円未満	11.5%	2.5%	0.5%
500円〜1000円未満	15.0%	21.0%	19.0%
1000円〜2000円未満	10.0%	10.0%	17.5%
2000円以上	7.5%	15.5%	16.5%

学研教育総合研究所（Gakken）「小学生白書（2021年8月調査）」より作成

学校で学ぶ内容を家庭でも参考に

学校では、家庭科、社会科、道徳、総合的な学習の時間などに金融教育が行われています。年齢層別の目標が設定されていて、下の表は小学校での目標の一部を抜粋したものです。どんなことを身に付ければよいか、家庭でも参考になりますね。

親の中には、家計簿が続かない、やりくりがうまくいかないなど、お金のことで悩みをかかえている人がいるかもしれません。家計管理の基本は、収入の範囲でやりくりする、どうしても足りないときの借金は返せる範囲で計画的に、そのためには長期的な視点で考えて、貯めたり、使ったりすることです。

定額制のおこづかいを自分で考えて使う体験は、大人になってからお金を管理する練習にもなります。やりくりが苦手な人は、子どもと一緒に学ぶつもりで取り組んでみては？

小学生のうちに学びたいお金との付き合い方

- ものやお金の価値を知り大切にする
- 欲しいものと必要なものの区別ができる
- おこづかいやお年玉を貯めてみる
- 将来何に使うかを考え、計画的に貯蓄する態度を身に付ける
- おこづかいとしてもらったお金や使ったお金の記録をつけることでお金を管理する

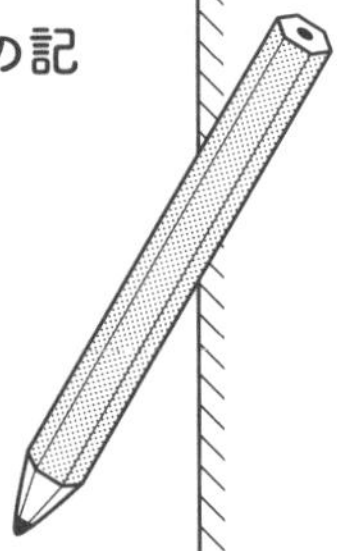

金融広報中央委員会（日本銀行内）　金融教育プログラム「学校における金融教育の年齢層別目標（改訂版）」より作成

Column

レジャー費や習い事を安くすませるには？

子どもが小学校高学年になると、体もしっかりして、外出できる範囲が広がります。中学生以降になると、部活で忙しくなったり、親よりも友達と過ごすことを望む子どもも増えたりするので、小学校高学年は、子育て期間の中で、家族で出かけることに最も適した時期と言えます。

その分、レジャー費がかさみがちになります。

安くすませるには、自治体が運営するスポーツ施設や無料の公園を活用すること。おやつ、飲み物、お弁当を持参すること。

また会社員なら、勤務先の福利厚生の中に、宿泊や旅行費の補助、レジャー施設の割引チケットなどがないかを確認。福利厚生を、専門とする代行会社に委託する企業も増えています。しっかり情報収集を。

また、スポーツをさせる場合、民間のスポーツクラブは月数千円～数万円などけっこう高くなりますが、保護者などが集まって運営する地域のクラブなら、コートや体育館などの使用料実費と少額の会費程度ですむケースもあります。

地域住民が自主的に運営し、地域のコミュニティの役割を担う地域スポーツクラブの数が増えています。自宅近くにないか探してみましょう。

Column

子育てのお金お悩み相談

子どもが2人以上いる場合、かける お金は平等にすべき?

家計相談でよくある質問です。子どもにどれくらいお金がかかるかは進路により大きく違ってきます。

例えば、長男は中学受験をさせて私立に進んだけれど、次男のときは家計に余裕がなく公立中学校に進ませた、などのケースがあるでしょう。

家計に余裕があるか、子どもがその進路を望むか、合格できるかなどにより、平等にしたいと思っていても、実際に使うお金には差がついてしまうのが現実です。

子どもは意外と自分にかけてもらったお金に敏感で、兄弟・姉妹と比較することもあるでしょう。

大学までの教育費が少なくてすんだ子どもには、その後の結婚資金などを多めに支援するなど、きちんと理由を説明した上で、なるべく平等になるよう配慮するのが、家族円満のコツではないでしょうか。

小学4〜6年まで

5

この時期のアクション

- 小学生とはいえ学年が上がるにつれて学習内容のレベルが上がります。塾を利用するかどうかを含め補助学習費の使い方を考えましょう。

- 中学受験をするかどうか決めましょう。

- 子どもの得意分野や好きなことを考慮し、子どもの意思も尊重して習い事やスポーツにかけるお金を見直しましょう。

- おこづかいの渡し方を考える、子どもにもお金を意識させる、子ども自身の判断でお金を使う機会を増やすなど、金融教育を意識しましょう。子どもの性格によっては、おこづかい帳をつけることにチャレンジ。

第6章

中学校

中学校 6

私立、公立、国立、どう違う？

小学校に比べて私立に行く子どもの数が増える

義務教育期間である中学校は、ほとんどの子どもが住んでいる地域の公立中学校に進学します。

一方で、中学受験を経て、私立や国立に進学する子どももいます。特に私立は、小学校に比べると、学校数も在学者数も増え、令和3年度の在学者数は中学生の7・6％を占めています（下の表）。

また、公立には、地元の子どもを受け入れる公立中学校に加えて、個性を重視する教育を目指して導入された公立中高一貫校もあります。公立なので授業料は無料です。

公立と私立では、保護者が出した学習費総額には大きな差があり、私立は公立の3倍程度かかります。

中学校の学校数と在学者数

	学校数	在学者数
公立	9230校	295万7186人
国立	68校	2万7267人
私立	778校	24万5245人
合計	1万0076校	322万9698人

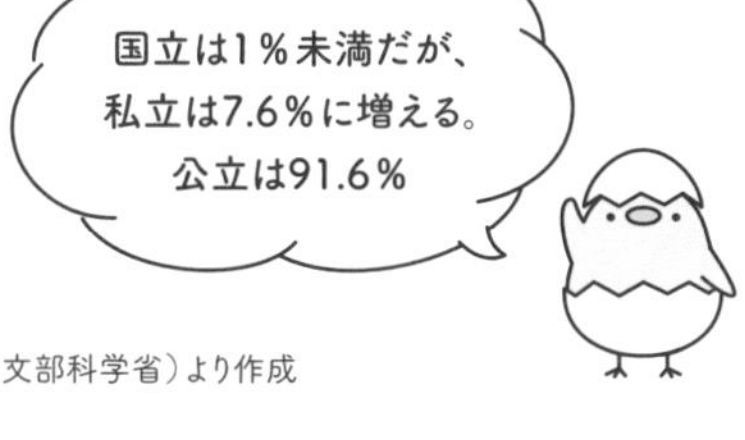

「令和3年度学校基本調査」（文部科学省）より作成

高校までつながっている 中高一貫校や私立大学の付属校

私立中学には、主に中高一貫校と、大学の付属校があります。いずれも高校受験の必要がなく、中学・高校の6年間でカリキュラムを組んで教育を行うのが特徴です。中高一貫校では大学を受験します。大学の付属校は、希望すれば原則その大学に進学できる学校と、在学中の成績により選抜される学校があります。

公立の中高一貫校は、ほとんどの人が大学受験をします。

大学受験があるため、中高一貫校では、進学塾に通うケースが多く、その分の費用がかかります。中学での教育費は、高校・大学まで見据えて考えるのがポイントです。

全国平均の調査データによれば、中学の3年間をならすと、保護者が出した1か月当たりの学習費総額は、公立では約4万5000円、私立では約12万円になります。

国立、公立、私立の違い

国立中学校

国立大学の付属学校として実験的・先導的な教育を行う。入試あり。

公立中学校

自治体が設置。入試なし。ただし、公立中高一貫校は入試あり。

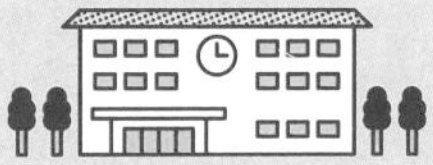

私立中学校

学校法人が設置。中高一貫校や私立大学の付属校がある。入試あり。

保護者が出した学習費総額（学年別・年額）

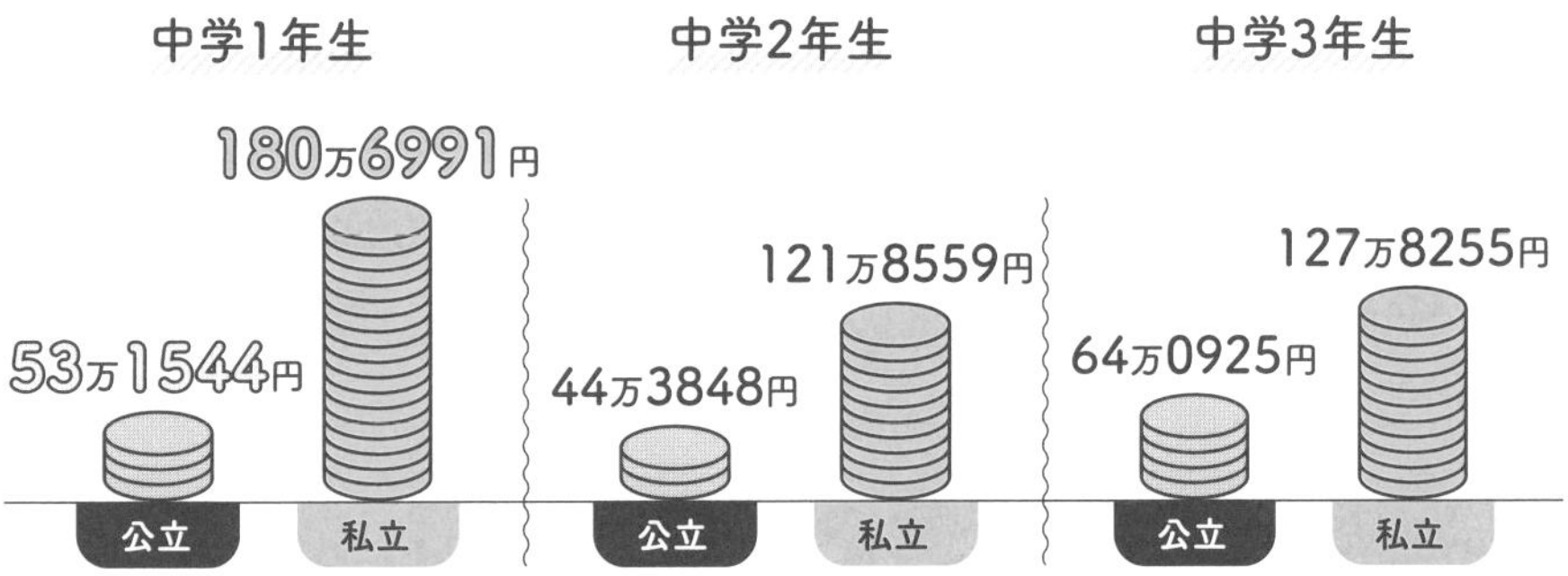

「令和3年度 子供の学習費調査」（文部科学省）より作成

中学校

6

公立中高一貫校とは

導入から約20年学習指導が充実

従来からの中学・高校に加えて、6年間の一貫した学習環境の下で学ぶ機会を選択できるよう、学校教育法を改正して、1999年から導入されたのが公立の中高一貫校です。

生徒一人一人が個性や創造性を伸ばせる教育を目指し、通常の公立中学に比べ、学習指導が充実していて、大学の合格率も高いのが特徴です。

ただし、いわゆる受験エリート校化しないために、入学にあたっては学力試験を行わないと定めています。代わりに、入学者の選抜では適性検査などを行います。

高校との連携の仕方で3つのタイプがあり、全国に約200校が設置されています（2016年時点）。

公立中高一貫校の3つのタイプ

中等教育学校

1つの学校として、中高一貫教育を行う

併設型の中学校・高等学校

同一の設置者による中学校と高校を接続する

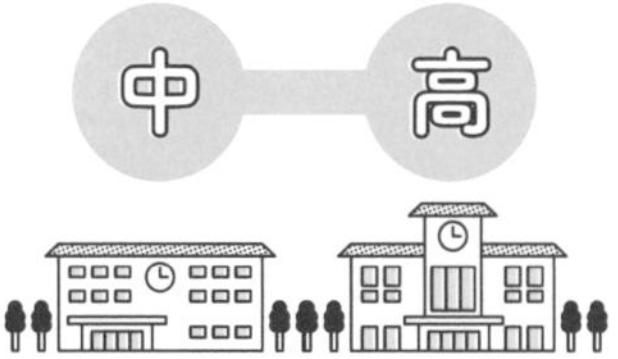

連携型の中学校・高等学校

既存の中学校と高校が連携を図り中高一貫教育を行う

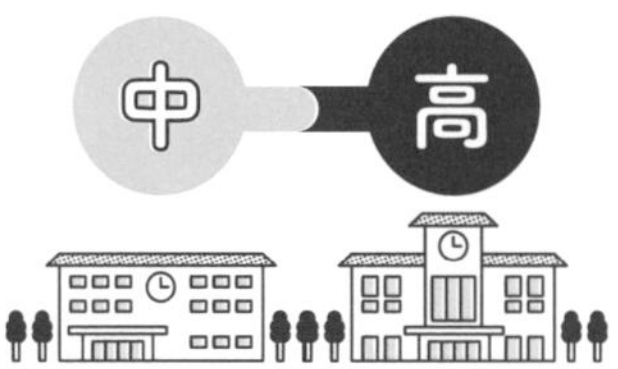

中学校の授業料は無料 教育内容は学校ごとに特徴がある

公立の中高一貫校では、中学校の授業料はかかりません。部活動などの費用は選択により異なるとしても、授業料がない分、学校教育費は私立より大幅に抑えられます。徒歩圏内ではない学校の場合は通学定期代が必要となりますが、学校教育費は地元の公立中学とそれほど大きくは違わないでしょう。

そのため人気があり、入学時の適性検査は競争が激しく、地域によっては倍率が高くなります。

親としては、教育費が安くすむのは助かりますが、学校ごとに教育方針に特徴があるので、子どもに合っているかどうかが重要です。

中等教育学校は入学したら6年間通います。併設型や連携型も、高校受験はしないで進学できる仕組みなので、校風や教育内容をしっかり確認しましょう。

公立中高一貫校の特徴

- **中学校の授業料は無料**、高校は一般の公立高校と同水準
- 入学者の選抜では、私立中学の学力試験とは異なる**適性検査**が行われる
- 大学の**合格率が高い**

公立中高一貫教育校の設置状況（2016年）

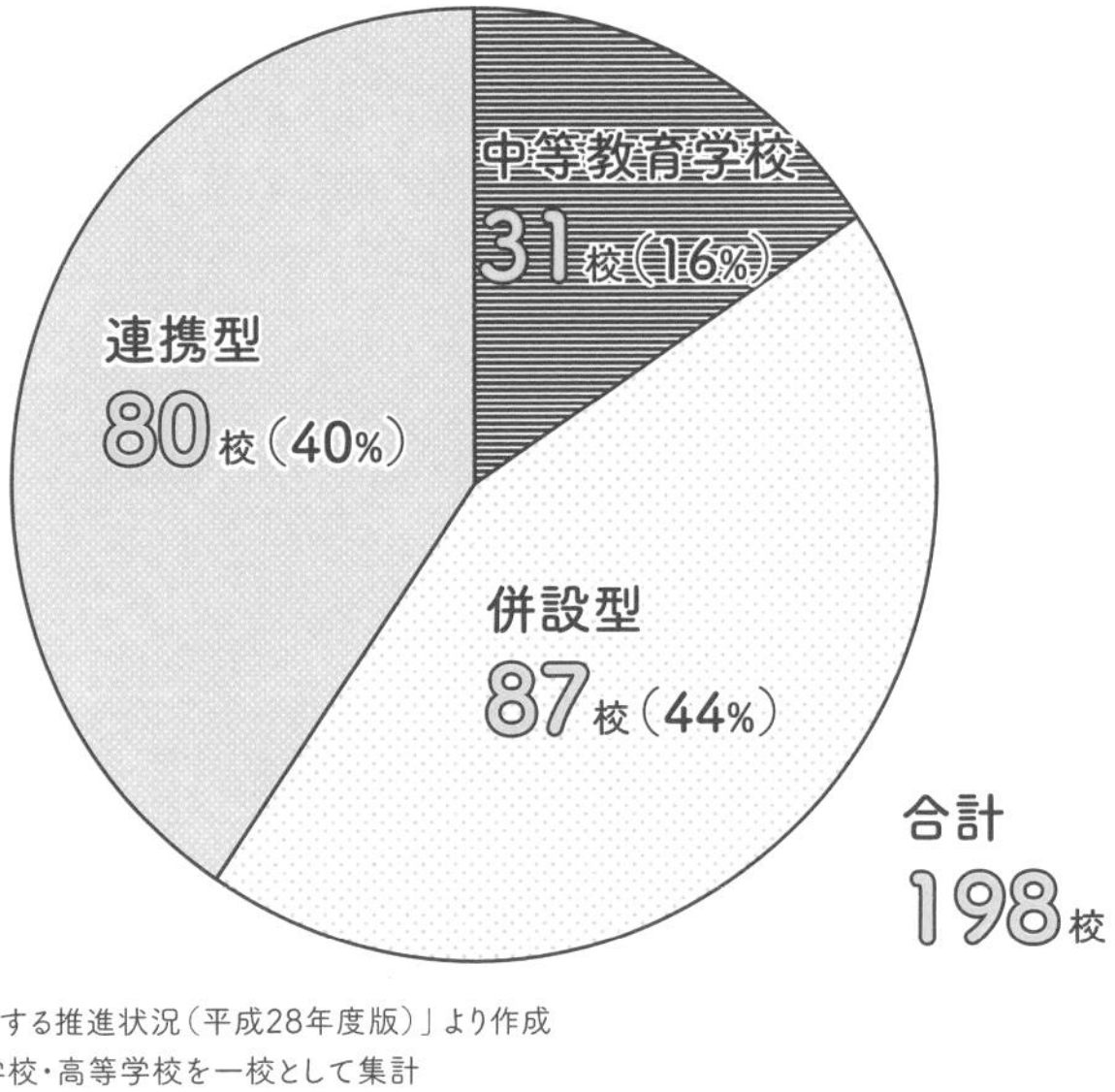

「高等学校教育の改革に関する推進状況（平成28年度版）」より作成
併設型および連携型は中学校・高等学校を一校として集計

中学校

6

中学生にかかる教育費

公立は年間50万円前後 私立は年間120万円超

中学生の子どものために保護者が出した教育費の総額（年間）は、公立では1年生が約53万円、2年生が約44万円、3年生が約64万円。私立では1年生が約181万円、2年生が約122万円、3年生が約128万円です（下の表）。

このうち、学校に通うための学校教育費を見てみましょう。公立の方がずっと安く、1年生が約20万円、2年生、3年生は10万円前後です。年額ですから月当たりは1万円弱～2万円弱。

一方、私立は1年生が約144万円、2年生と3年生は90万円弱となっています。月当たりは7万2000円～12万円にもなります。

中学生の学年別教育費の内訳（年額）

（円）

	公立中学校			私立中学校		
	1年生	2年生	3年生	1年生	2年生	3年生
学習費総額	53万1544	44万3848	64万0925	180万6991	121万8559	127万8255
●学校教育費	20万0180	8万9436	10万8026	144万1786	85万6982	87万9456
入学金・入園料	765	0	0	21万5341	0	0
入学時に納付した施設整備費等	363	0	0	8万9262	0	0
入学検定料	405	0	0	5万8647	0	0
授業料	0	0	0	47万2769	48万9289	46万6216
施設整備費等	0	0	0	9万1679	9万7193	10万1867
修学旅行費	339	6562	2万8556	0	1799	3万7315
校外学習費	4554	5203	2160	1万8430	2万2569	1万3348
学級・児童会・生徒会費	5565	5872	4867	1万6289	1万0633	9998
その他の学校納付金	3699	3749	5866	2万3459	2万4281	2万4321
PTA会費	3524	3671	3200	9423	8622	7727
後援会費	896	770	836	8769	6113	7005
寄附金	389	243	464	2万6715	9206	6205
教科書費・教科書以外の図書費	1万0590	8013	1万0157	4万4224	2万3667	3万1610
学用品・実験実習材料費	3万8588	1万5870	1万4033	6万5601	2万0752	1万9294
教科外活動費	3万7046	2万2700	1万2884	4万8396	3万4309	2万8569
通学費	1万6242	2207	3365	9万2784	7万6581	8万3273
制服	5万2041	4769	7217	11万5056	1万7226	1万8794
通学用品費	1万8979	7188	6957	3万1899	9950	1万0602
その他	6195	2619	7464	1万3043	4792	1万3312
●学校給食費	3万9737	3万8306	3万4984	8529	8056	5040
●学校外活動費	29万1627	31万6106	49万7915	35万6676	35万3521	39万3759

学習費総額＝学校教育費＋学校給食費＋学校外活動費

「令和3年度 子供の学習費調査」（文部科学省）より作成

公立は入学時に10万円程度を準備しておきたい

学校教育費の内訳を見ると、公立の1年生は制服や通学用品費、学用品・実験実習材料費などが高く、進学にあたり必要なものを買い揃えるために、他の学年より10万円ほど高いのがわかります。義務教育で授業料が無料とはいえ、10万円程度を見積もっておきましょう。

一方、私立の1年生は、制服などに加えて、初年度に納める入学金や施設整備費などが36万円ほどかかり、学校教育費が他の学年より高くなっています。私立は学校により違いがあるので、進学希望の学校の費用を確認しておくのは必須。

クラブ活動のための支出を含む教科外活動費も、公立・私立ともに1年生は高くなっています。

3年生では公立・私立とも修学旅行費がかかります。2年生は安くすむ傾向があるようです。

公立中学2年生の学校教育費の内訳

教科外活動費 25%

学用品・実験実習材料費 18%

通学用品費 8%

修学旅行費 7%

教科書費・教科書以外の図書費	9%
学級・児童会・生徒会費	7%
校外学習費	6%
制服	5%
その他の学校納付金	4%
PTA会費	4%
通学費	2%
後援会費	1%
寄附金	0%
その他	3%

「令和3年度 子供の学習費調査」（文部科学省）より作成

中学校
6

学校以外にもかかるお金

公立中学では3年生で塾代が増える

中学生になると、公立では小学生の時より学習費総額が増え、家庭の判断で使う学校外活動費も増えます。特に増えるのが中学3年生。補助学習費の増加が原因です。

補助学習費には、家庭内で使う参考書などの購入費、家庭教師や学習塾などの費用が含まれますが、3年生は学習塾に約40万円、合計で年間約45万円の補助学習費を使っていて、1年生のときの2・2倍です。これまでとは逆転して私立の中学3年生よりも多くなっています。

日本の高校進学率は、98・8％（令和4年度 学校基本調査より）。高校受験のために塾に通い、教育費の負担が増えているのです。

中学生の学年別の学校外活動費の内訳（年額）

（円）

	公立中学校			私立中学校		
	1年生	2年生	3年生	1年生	2年生	3年生
●学校外活動費	29万1627	31万6106	49万7915	35万6676	35万3521	39万3759
○補助学習費	20万3831	25万3883	45万0812	23万4241	26万0157	29万3388
家庭内学習費	1万6210	1万4329	1万8288	5万4785	3万1942	3万3133
通信教育・家庭教師費	2万8824	3万2499	2万6810	4万3039	3万9537	2万8089
学習塾費	15万6032	20万3859	38万9861	12万6795	18万1436	21万9276
その他	2765	3196	1万5853	9622	7242	1万2890
○その他の学校外活動費	8万7796	6万2223	4万7103	12万2435	9万3364	10万0371
体験活動・地域活動	857	903	1222	1万1383	3298	2184
芸術文化活動	2万8840	1万8873	1万1068	4万7391	2万9007	2万4099
スポーツ・レクリエーション活動	4万3452	2万6976	2万0427	2万6998	3万0141	2万9266
国際交流体験活動	64	26	106	2223	2242	1万3287
教養・その他	1万4583	1万5445	1万4280	3万4440	2万8676	3万1535

学校外活動費＝補助学習費＋その他の学校外活動費
「令和3年度 子供の学習費調査」（文部科学省）より作成

塾に通うか、いくら使うかは子どもの希望と家計状況で判断

中学校では、小学校に比べて、学校外活動費の公立と私立の差が小さくなります。私立中学は高校までつながっているケースがほとんどで高校受験は原則ありません。

一方、小学校、中学校を公立で進学してきた子どもにとって高校受験は初めての受験です。塾通いを選択する家庭が多いのでしょう。

学習塾費を含めた補助学習費は、地域によっても差があります。人口規模の大きいところほど、たくさん使っています（下の表）。同級生が通っていれば、うちの子もと思いがちなので、住んでいる地域の状況にも左右されそうですね。

中学生になれば、得意な分野や好きなことも、はっきりしてくる子が多いでしょう。本人の希望も確認しながら、家計の状況と照らし合わせて判断しましょう。

公立中学校の所在市町村の人口規模別　補助学習費の内訳（年額）

	10万人未満	10万人以上 30万人未満	30万人以上 100万人未満	100万人以上・ 特別区
○補助学習費	21万6412円	31万1825円	35万5693円	36万8277円
家庭内学習費	1万5160円	1万9174円	1万5409円	1万5320円
通信教育・家庭教師費	2万9706円	2万5708円	3万7388円	2万3955円
学習塾費	16万7295円	25万8241円	29万3671円	32万1028円
その他	4251円	8702円	9225円	7974円

「令和3年度子供の学習費調査」（文部科学省）より作成

中学校 6

スポーツ・芸術活動にかかるお金

学校の部活動には月当たり数千円

中学生になると、学校でのクラブ活動が始まります。学校教育費の中の教科外活動費にクラブ活動の費用が含まれています。

公立と私立、男子と女子、学年別の費用を見てみると、年間で1万円～5万円程度。公立・私立ともに1年生が高いのは、使う道具やユニフォームなどを購入するからでしょう。クラブ活動の他にも、各教科以外の費用が含まれていますから、実際にはこれより少なくてすみそうです。月当たりでは数千円程度でしょうか。ただし、選んだクラブの種類による差もあるでしょう。

活動を引退する3年生の費用は少なくなっています（下の図）。

学校でのクラブ活動などの費用

学校教育費

教科外活動費

クラブ活動、学芸会、運動会、芸術鑑賞会、林間学校など

公立中学校

男 2万7154円	女 2万1019円
1年生	3万7046円
2年生	2万2700円
3年生	1万2884円

私立中学校

男 3万9671円	女 3万4846円
1年生	4万8396円
2年生	3万4309円
3年生	2万8569円

「令和3年度 子供の学習費調査」（文部科学省）より作成

スポーツクラブや音楽教室などにも支出

学校のクラブ活動以外にも、ピアノなどの音楽教室、水泳やサッカーなどのスポーツ教室に通う子どもも多いようです。家庭の判断で支出する学校外活動費の中に、そういった費用が含まれています。

小学校時代からの習い事を続けているケースや、学校のクラブ活動に希望する種目がなく、学校以外で習うケースもあるでしょう。

男女別では、男子はスポーツ系、女子は芸術系の費用が高くなっています。得意分野を伸ばすことや、心身の健康、やる気を維持する観点から、本人が希望するなら、出してやりたいのが親心ですね。

ちなみに、学校のクラブ活動や学校外での活動は、高校受験の際に、私立高校では有利になるケースもあります。公立高校では、評価するかどうかは自治体により異なります。

習い事の費用

学校外活動費

芸術文化活動

音楽、絵画などを習うための支出、芸術鑑賞、楽器演奏などの経費など

	公立中学校	私立中学校
男	9803円	1万7795円
女	2万9890円	4万8299円
1年生	2万8840円	4万7391円
2年生	1万8873円	2万9007円
3年生	1万1068円	2万4099円

スポーツ・レクリエーション活動

水泳、サッカー、野球、テニスなどスポーツを習うための支出、スポーツ観戦等

	公立中学校	私立中学校
男	4万5454円	4万0097円
女	1万4167円	1万8272円
1年生	4万3452円	2万6998円
2年生	2万6976円	3万0141円
3年生	2万0427円	2万9266円

「令和3年度 子供の学習費調査」(文部科学省)より作成

中学校

6

おこづかいとお金の教育［中学生］

行動半径が広がり おこづかいの使い方も変化

中学生の76％がおこづかいをもらっているというアンケート結果があります。頻度は月に1回がもっとも多く約80％、金額はひと月に1000円〜3000円が多く、次が3000円〜5000円とか。※

そして、小学生までと大きく違うのが使い道です。友達と外出する機会が増え、交際費が第1位。割合は男女で違いますが、順位は同じで、2位以下は、ゲームや漫画などの娯楽品の購入費、貯金、お菓子や飲料などの飲食代、洋服などのファッション費と続きます（次ページのグラフ参照）。貯金の目的が、将来欲しいものを買うためなら、中学生ながら堅実な金銭感覚と言えるでしょう。

ひと月のおこづかいの金額

1000円未満	15.6％
1000円〜3000円未満	58.4％
3000円〜5000円未満	17.1％
5000円〜7000円未満	4.3％
7000円〜1万円未満	0.9％
1万円〜1万5000円未満	1.8％
1万5000円以上	1.8％

社会の中でのお金の流れを学ぶ時期

外出先でおこづかいを使うことが増えてくると、使い方が親には見えにくくなります。つい詮索したくなりますが、日頃から子どもが家庭でお金の話をしやすい雰囲気を心掛ける方が賢明ではないでしょうか。

現金ではなく電子マネーでおこづかいを渡す家庭もあるかもしれません。子どものうちからキャッシュレスの支払いやポイントが身近な世代。労働の対価として親の収入があり、そこから子どものおこづかいも出ていることを伝えたいですね。

学校では、社会科（公民的分野）で経済の仕組みを、技術・家庭科（家庭分野）で金銭管理、キャッシュレス決済、契約などを学びます。

自分のお金の管理はもちろん、自分のお金の使い方が社会にどう影響するのか、消費者としての権利や責任についても考え始めたい年齢です。

おこづかいの使い道（複数回答）

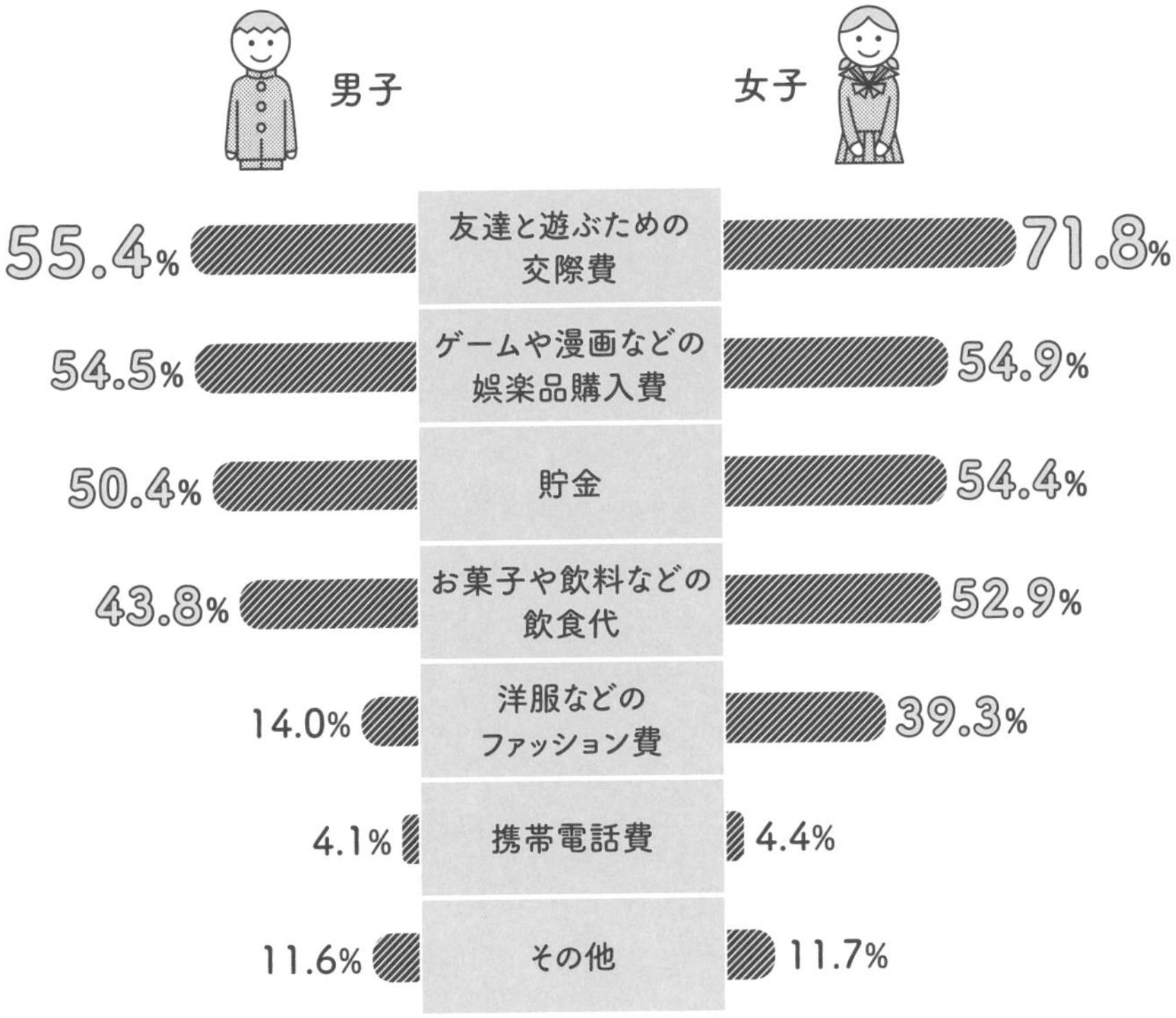

「2021年中学生・高校生のお小遣い事情に関する調査」（TesTee〈テスティー〉調べ https://www.testee.co）より作成
※本文中のデータも同じ

Column

大学入試が多様化
大学進学を見据えた高校選びを

大学入試が多様化しています。大きく分けると、一般選抜、学校推薦型選抜、総合型選抜の3種類。

一般選抜は、共通テストや、各大学が設定する入試日程で学力試験を受けます。国・公立では8割程度を占めますが、私立では5割程度。残りは、学校推薦型選抜と総合型選抜です。

学校推薦型選抜は、出身高校の推薦で出願します。総合型選抜は、書類選考や小論文・面接などが行われ、学力だけではなく、高校で取り組んだことや大学入学後の学習への意欲などにより判断されます。

複数の大学を受験すると受験費用だけでもかなりの金額になります。第一志望の大学に高校から推薦してもらえたり、受験する大学を絞り込んで数を減らしたりできれば受験費用を抑えられます。

高校を選ぶ際は、大学への推薦制度や、進路指導の状況などもしっかり情報収集を。子どもに適した大学に、なるべくスムーズに、費用をかけずに進学できるなら、それに越したことはありません。

人生、計画通りにはいかないものですし、中学生にとってはまだ大学は遠いかもしれませんが、親としては大学も意識した高校選びを心掛けたいものです。

Column

中学生への就学援助

89ページで紹介した就学援助は、義務教育期間の子どもを持つ保護者が対象なので、中学生でも利用できます。

生活保護世帯とそれに準ずる世帯に、給食費、学用品費、修学旅行参加費、卒業アルバム費などを支給。

学校または自治体に申請書を提出します。

中学校

6

この時期のアクション

- 子どもの得意分野を伸ばす教育費の使い方を考える。

- 高校・大学など今後の進路について子どもとコミュニケーションを取る。

- 子どもが希望する進路に進むための費用を確認する。

- 家庭で、ざっくばらんに子どもとお金の話をする。塾代や習い事の費用、高校や大学でかかる費用についても話題に。

第7章

高校

高校 7

中学卒業後の進路

3人に1人は私立高校に

　中学卒業後はほとんどの子どもが高校に進学します。私立、国立、公立があり、高校では私立の割合が増えます。公立の中高一貫校や、私立大学の付属高校には、高校から入学できるところもあります。

　保護者が出した学習費総額は、入学準備のため1年生は高く、公立で約63万円、私立で約128万円。2、3年生は、公立で約46万円、私立で約94万円（次ページ参照）。

　紹介したデータは、全日制の高校の場合です。高校は、朝に登校し夕方まで授業を受ける全日制を中心に、夜間に授業があり働きながら通える定時制や、自宅での学習が中心の通信制もあります。

高校の学校数と在学者数

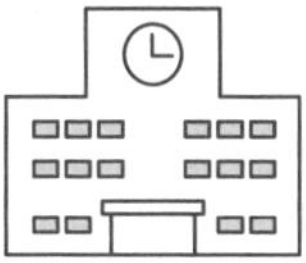

	学校数	在学者数
公立	3521校	198万9287人
国立	15校	8254人
私立	1320校	101万0631人
合計	4856校	300万8172人

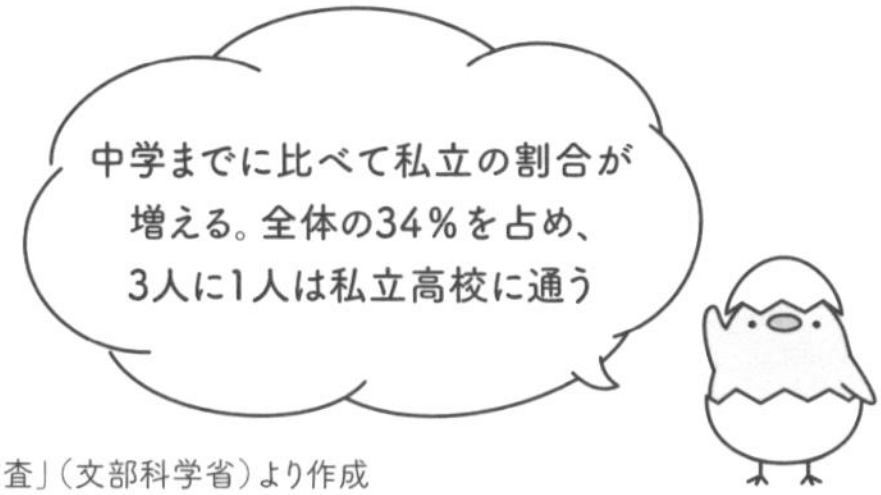

「令和3年度学校基本調査」（文部科学省）より作成

職業に結びつくことを学ぶ 高等専修学校や高等専門学校も

中学卒業後の進路には、高等専修学校や高等専門学校もあります。

高等専修学校は、実践的な職業教育を行います。例えば工業分野なら自動車整備士など、衛生分野なら調理師や美容師など、専門科目の実習があり、資格取得にもつながります。卒業後は、条件を満たせば高校の卒業生と同様に大学受験が可能です。

高等専門学校（高専）は、5年間の一貫教育で技術者を養成します。理論だけではなく実験・実習に重点が置かれ、機械工学科、電気工学科、商船学科、経営情報学科などの学科があります。就職率が高いのが特徴です。卒業後は、就職以外にも、さらに高度な技術教育を受けるための専攻科（2年）への進学や、大学への編入もできます。

高等専修学校はほとんどが私立、高等専門学校は主に国立です。

保護者が出した学習費総額（学年別・年額）

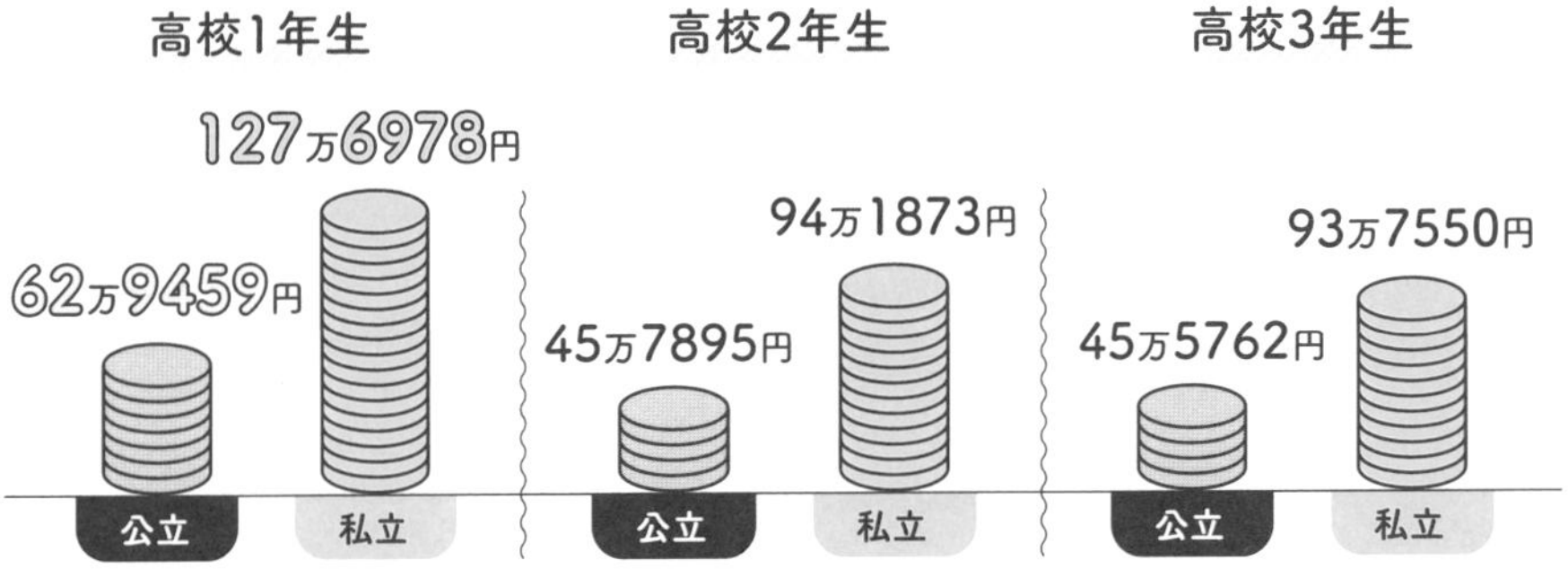

「令和3年度子供の学習費調査」（文部科学省）より作成

中学卒業後の進路

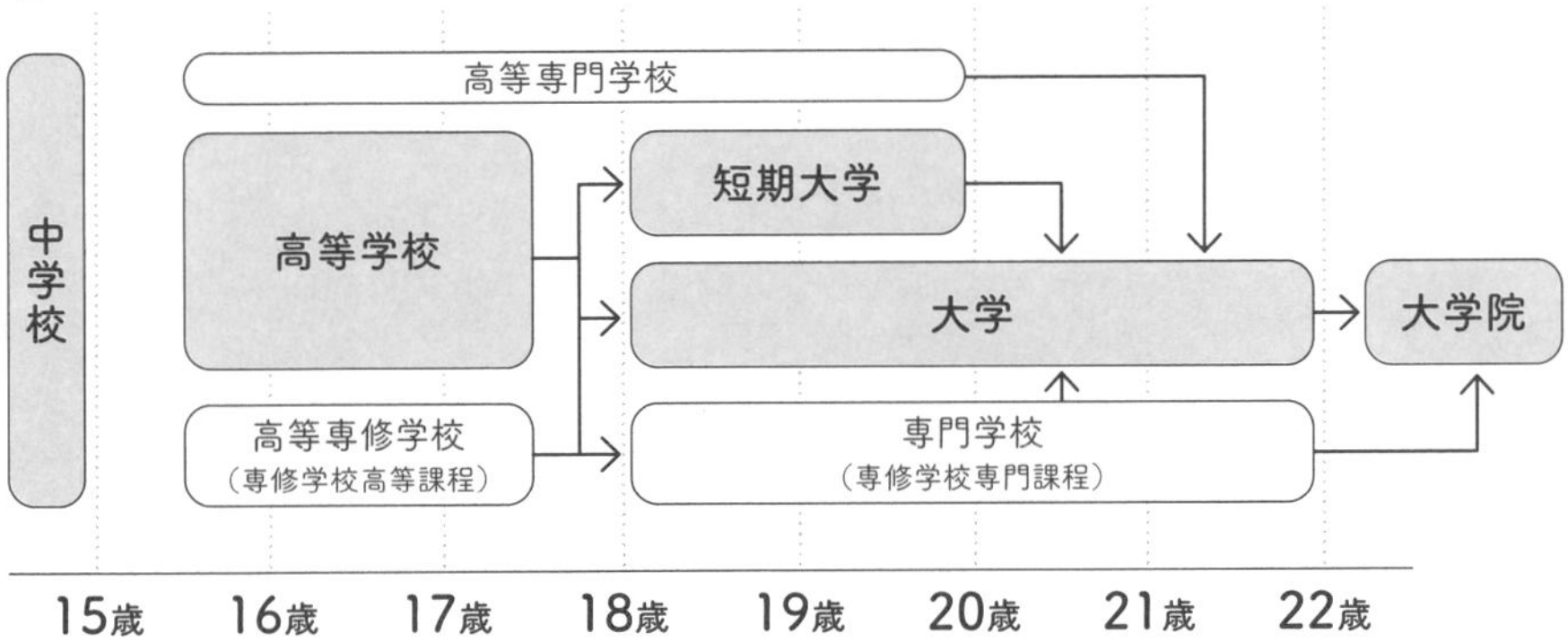

高校7

高校生にかかる教育費

全日制なら年間の総額で公立約50万円、私立約100万円

高校は、学ぶ内容により、普通科、専門学科、総合学科があります。

普通科では中学で学んだ内容をさらに掘り下げます。専門学科では、農業、工業、商業など将来の職業につながることを学びます。総合学科は、普通科と専門学科の両方の科目があり、自分で選択して学びます。

下の表は、保護者が出した学習費総額を、全日制高校の私立・公立別、学年別、学科別にしたものです。

公立・私立とも、普通科よりも専門学科や総合学科が安めです。1年生では入学準備のための費用がかかります。平均すると、公立が1年当たり約50万円、私立が約１００万円になります。

私立高校生の学年別・学科別の教育費の内訳（年額）

（円）

	私立（全日制）				
	1年生	2年生	3年生	普通科	専門学科・総合学科
学習費総額	127万6978	94万1873	93万7550	109万7040	70万9795
● 学校教育費	102万2188	65万8897	56万0460	77万6590	53万8154
入学金・入園料	12万8099	0	0	4万7076	1万5203
入学時に納付した施設整備費等	6万6948	0	0	2万4041	1万2493
入学検定料	1万6179	0	0	5767	3363
授業料	28万6024	28万8166	29万1250	29万9677	19万7547
施設整備費等	5万7727	6万2474	6万0829	6万4237	2万8660
修学旅行費	1288	4万7370	1116	1万6418	1万8188
校外学習費	1万4258	9490	5883	1万0572	4786
学級・児童会・生徒会費	1万4668	1万2898	1万1551	1万3689	7983
その他の学校納付金	2万2300	1万9672	1万8859	2万0358	1万9840
PTA会費	1万0574	8712	8650	9503	7886
後援会費	9803	7597	7737	8770	5339
寄附金	6329	3127	3705	4561	3142
教科書費・教科書以外の図書費	5万6487	3万4314	2万3904	3万9344	3万1313
学用品・実験実習材料費	4万8394	1万5335	1万2939	2万5609	2万7328
教科外活動費	7万3245	4万4098	2万2637	4万8207	3万7353
通学費	9万0931	8万3987	6万7871	8万2659	6万8428
制服	8万8638	1万0721	7237	3万6464	3万3026
通学用品費	2万1531	8116	5961	1万2192	1万0231
その他	8765	2820	1万0331	7446	6045
● 学校外活動費	25万4790	28万2976	37万7090	32万0450	17万1641

学校教育費は進学先により年間20万円～70万円

　学習費総額のうち、学校教育費を見てみましょう。入学準備の費用（入学金や制服代などで公立20万円程度、私立40万円程度）を除くと年間では公立が20万円～30万円、私立が50万円～70万円です。

　私立が中学までに比べて少なめなのは、一定の所得以下の家庭は授業料の助成（134～135ページ）が受けられるからだと推測されます。ただし、多くの私立でかかる施設整備費には助成はありません。授業料の助成を前提に私立を選ぶ場合は、その点に考慮を。

　高等専修学校は学科にもよりますが、学費の目安は私立高校と同程度。

　高等専門学校は多くが国立で、授業料などを文部科学省が定めています。入学金と授業料などを合わせると5年間で約126万円。教科書代などは別途かかります。

公立高校生の学年別・学科別の教育費の内訳（年額）

（円）

	公立（全日制）					
	1年生	2年生	3年生	普通科	専門学科	総合学科
学習費総額	62万9459	45万7895	45万5762	56万6504	43万1045	34万4649
● 学校教育費	46万8797	27万6366	18万9079	31万8302	30万0555	26万1922
入学金・入園料	2万2171	0	0	7583	6719	5762
入学時に納付した施設整備費等	1万2077	0	0	3870	3771	5017
入学検定料	1万5384	0	0	5035	5043	4586
授業料	5万3377	5万0328	5万2681	5万6091	4万6965	3万6236
施設整備費等	0	0	0	0	0	0
修学旅行費	0	4万2824	3882	1万6300	1万3813	1万6679
校外学習費	4949	3854	2968	3586	5000	2727
学級・児童会・生徒会費	1万1098	7602	7842	9414	8089	6306
その他の学校納付金	1万5898	1万1352	1万0550	1万3587	1万0633	1万0606
PTA会費	6988	5525	5321	6426	4908	5360
後援会費	5847	4518	4269	4870	5334	3099
寄附金	865	644	389	630	785	45
教科書費・教科書以外の図書費	4万7030	2万7418	1万9929	3万4352	2万5603	2万4801
学用品・実験実習材料費	4万3361	1万2380	1万0608	2万0142	2万6287	2万0556
教科外活動費	6万2699	4万0290	1万6234	4万2961	3万5109	2万3860
通学費	6万9257	5万0914	3万7401	5万0583	5万6682	5万0998
制服	6万8735	7222	3931	2万5159	2万7296	3万0098
通学用品費	2万2012	9047	7613	1万2982	1万2618	1万1549
その他	7049	2448	5461	4731	5900	3637
● 学校外活動費	16万0662	18万1529	26万6683	24万8202	13万0490	8万2727

学習費総額＝学校教育費＋学校外活動費

「令和3年度 子供の学習費調査」（文部科学省）より作成

高校
7

学校以外にもかかるお金

大学受験前の3年生は塾代に年間20万円

学校に関わる支出以外に、家庭の判断で支出するのが学校外活動費。高校生では、そのかなりの部分を占めるのが、学校の勉強を補完するための補助学習費です。

補助学習費は、専門学科や総合学科に比べると、大学まで進学する生徒が多い普通科が高くなっています。学年別では、学年が上がるにつれて高くなります。補助学習費のうちの学習塾の費用が高くなるからです。

高校卒業者の半分以上は大学に進学するので、3年生は学習塾に通う子どもが増え、支出も増えていることがうかがわれます。3年生は、私立・公立ともに平均して年間20万円前後を使っています。

私立高校生の学年別・学科別の学校外活動費の内訳（年額）

（円）

	私立（全日制）				
	第1学年	第2学年	第3学年	普通科	専門学科・総合学科
●学校外活動費	25万4790	28万2976	37万7090	32万0450	17万1641
○補助学習費	18万1168	23万7261	32万4521	26万0590	13万3765
家庭内学習費	3万4161	2万1170	4万0173	3万3343	1万9188
通信教育・家庭教師費	2万6300	2万3472	2万9899	2万8549	1万0197
学習塾費	**11万0873**	**17万9923**	**22万5035**	**18万0975**	**9万1646**
その他	9834	1万2696	2万9414	1万7723	1万2734
○その他の学校外活動費	7万3622	4万5715	5万2569	5万9860	3万7876
体験活動・地域活動	2391	1719	1582	2088	402
芸術文化活動	1万7501	1万5984	1万5987	1万7216	1万0713
スポーツ・レクリエーション活動	1万7366	1万0264	1万1112	1万3779	6301
国際交流体験活動	2万0983	2448	502	9035	697
教養・その他	1万5381	1万5300	2万3386	1万7742	1万9763

年間100万円程度かかる大手塾も

ただし、3年生の全員が塾に通っているわけではないし、あくまで全国平均の調査データです。学習塾の費用は、地域や受講する科目、選んだ塾により異なります。

大学受験は、大学や学部により入試科目に違いがあり、また同じ大学でも受験方法が複数あったりします。

一般受験のために学力をつけたいのか、学校推薦をもらうために高校の成績を上げたいのか、総合型選抜の準備をしたいのかにより受験対策も異なり、それに対応して学習塾にもいろいろなタイプがあります。

大手の学習塾では、大学受験に関する情報も提供し、年間100万円程度かかるところも。

在学する高校の進路指導はもちろん、学習塾をどこまで活用するか、親子で検討しましょう。オンライン塾なら費用はだいぶ安くなります。

公立高校生の学年別・学科別の学校外活動費の内訳（年額）

（円）

	公立（全日制）					
	第1学年	第2学年	第3学年	普通科	専門学科	総合学科
●学校外活動費	16万0662	18万1529	26万6683	24万8202	13万0490	8万2727
○補助学習費	12万9480	14万9104	23万3340	21万6429	9万5055	5万6909
家庭内学習費	2万7064	1万6594	2万4356	2万3767	2万1300	1万7676
通信教育・家庭教師費	1万7693	1万7305	1万3984	2万0328	9610	5589
学習塾費	**8万0674**	**10万7774**	**17万0790**	**15万7025**	**5万8078**	**2万8314**
その他	4049	7431	2万4210	1万5309	6067	5330
○その他の学校外活動費	3万1182	3万2425	3万3343	3万1773	3万5435	2万5818
体験活動・地域活動	1456	1408	1167	1536	970	1006
芸術文化活動	8714	1万2494	7189	8947	1万1115	7864
スポーツ・レクリエーション活動	6566	7969	5809	5972	9500	3819
国際交流体験活動	3404	552	2215	2954	374	225
教養・その他	1万1042	1万0002	1万6963	1万2364	1万3476	1万2904

学校外活動費＝補助学習費＋その他の学校外活動費
「令和3年度 子供の学習費調査」（文部科学省）より作成

高校

7

高校生等への授業料の助成

高校生等には公立高校の授業料程度を助成

国立・公立・私立を問わず、高校、高等専修学校、高等専門学校などの生徒に、国が支給するのが高等学校等就学支援金です。

金額の目安は公立高校の授業料程度の月9900円、年間では11万8800円（学校の種類により異なる）。国からの交付金を使って実際に支給するのは都道府県です。都道府県ごとに申請方法や支給の時期は異なります。在学する学校からの案内に従って手続きを。

就学支援金は、生徒に代わって学校が受け取り授業料にあてます。学校によっては、先に授業料を払い、後で就学支援金相当額が還付される場合もあります。

支給額のイメージ

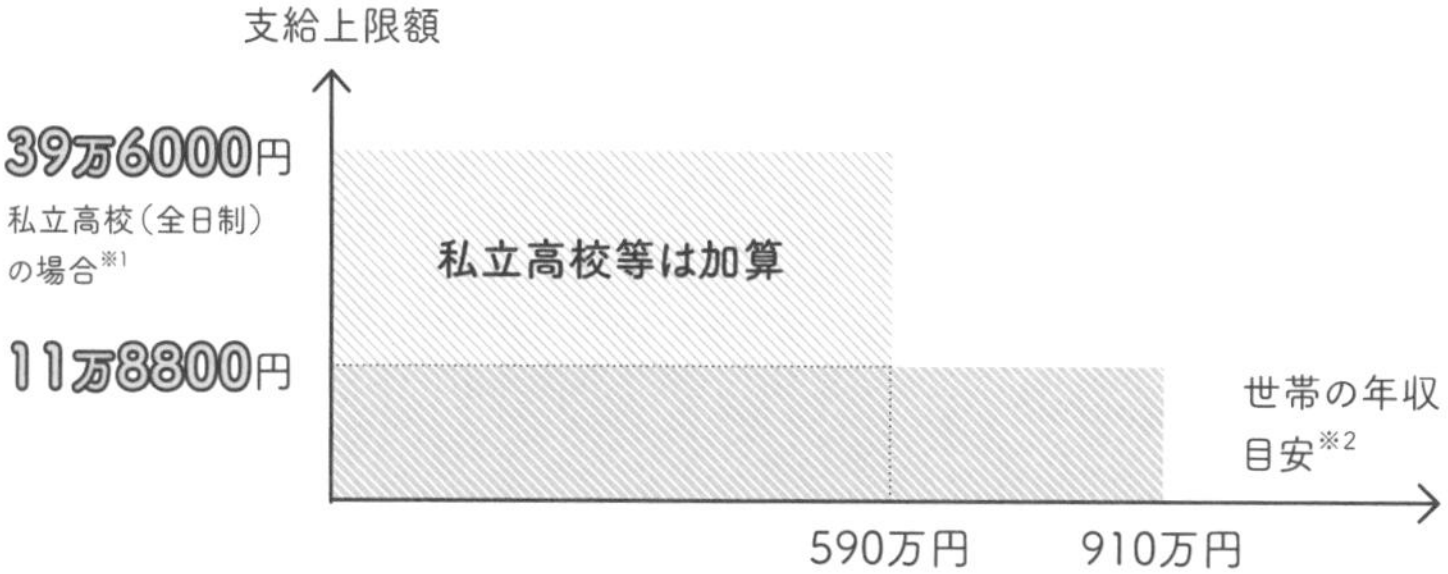

※1 私立高校（通信制）は29万7000円、国公立の高等専門学校（1～3年）は23万4600円が支給上限額
※2 両親・高校生・中学生の4人家族で、両親の一方が働いている場合の目安

「高等学校等就学支援金制度リーフレット」（文部科学省）より

支給の対象になるかどうかの計算式

市町村民税の課税標準額 × **6％** － **市町村民税の調整控除の額**

※政令指定都市の場合は、「調整控除の額」に3/4を乗じて計算する。

上記による算出額

- **15万4500円未満** ⇒ **支給額** **最大39万6000円**
- （15万4,500円以上）**30万4200円未満** ⇒ **支給額** **11万8800円**

「高等学校等就学支援金制度リーフレット」（文部科学省）より作成

収入の条件を満たせば私立にはさらに加算

公立より授業料が高い私立には、加算があります。全日制の私立高校の場合は、月3万3000円、年額では39万6000円。ただし、実際に払う授業料がこれより安ければ、授業料の額が上限。逆に高ければ、超える分は自己負担です。

高等学校等就学支援金は、日本に住む高校生等が対象で、全国で約8割の生徒が利用しているとか。世帯の年収に上限がありますが、比較的高めだからです。ただし、私立への加算は年収の条件が厳しくなります。住民税の課税標準額を基に判定され、計算式は前ページ下の通り。

住民税の課税標準額は、同じ年収でも家族構成などにより違ってきます。会社員の場合、もらえるかどうかの目安は下の表を参照してください。入学時に申請し、その後は収入状況の届け出をします。

親が会社員の場合の年収の目安

所得基準に相当する目安年収（例）

	子の数	11万8,800円の支給（月額9900円）の対象	39万6,000円の支給（月額33,000円）の対象
両親共働きの場合	子1人（高校生） 扶養控除対象者が1人の場合	～約1030万円	～約660万円
	子2人（高校生・中学生以下） 扶養控除対象者が1人の場合	～約1030万円	～約660万円
	子2人（高校生・高校生） 扶養控除対象者が2人の場合	～約1070万円	～約720万円
	子2人（大学生・高校生） 扶養控除対象者が1人、特定扶養控除対象者が1人の場合	～約1090万円	～約740万円
	子3人（大学生・高校生・中学生以下） 扶養控除対象者が1人、特定扶養控除対象者が1人の場合	～約1090万円	～約740万円
両親のうち一方が働いている場合	子1人（高校生） 扶養控除対象者が1人の場合	～約910万円	～約590万円
	子2人（高校生・中学生以下） 扶養控除対象者が1人の場合	～約910万円	～約590万円
	子2人（高校生・高校生） 扶養控除対象者が2人の場合	～約950万円	～約640万円
	子2人（大学生・高校生） 扶養控除対象者が1人、特定扶養控除対象者が1人の場合	～約960万円	～約650万円
	子3人（大学生・高校生・中学生以下） 扶養控除対象者が1人、特定扶養控除対象者が1人の場合	～約960万円	～約650万円

※子について、中学生以下は15歳以下、高校生は16～18歳、大学生は19～22歳とする。
※給与所得以外の収入はないものとし、両親共働きの場合、両親の収入は同額として計算している。
※配偶者控除対象となっている場合、一方が働いている場合とみなす。

「所得基準に相当する目安年収」（文部科学省）より作成

高校
7

大学受験の費用と奨学金の予約

意外とかかる受験の費用　準備を忘れずに

　大学を受験する際の費用は、国立か私立か、何校受験するかなどにより違ってきます。主なものは、願書の送料、受験票用の顔写真の撮影費、受験料（検定料）、受験当日の交通費など。自宅から遠い大学を受けるための宿泊費や、滑り止めの大学の入学金を払う家庭もあるでしょう。

　受験料は、1校3万円～3万5000円程度。受験費用の合計は30万円前後というデータも（下の表）。

　私立大学の中には、複数の学部や方式を併願すると受験料を割引き、地方試験会場を設置するところも。

　受験予定の大学の入試制度と合わせて受験料も確認し、総額の予算を決めましょう。

受験料（検定料）

大学入学共通テスト

- 3教科以上1万8000円
- 2教科以下1万2000円

国・公立大学（標準額）

- 大学学部（昼間）1万7000円。
- ただし、国・公立大学の一般選抜では大学共通テストが一次試験代わり、学部試験が二次試験となるので合計すると3万5000円。

私立大学

- 1学部1方式ごと3万円～3万5000円。（大学により異なる）

大学の受験費用

	国・公立大学	私立大学文系	私立大学理系
受験費用※	27.7万円	31.3万円	32.2万円
入学しなかった学校への納付金	10.8万円	9.9万円	10万円

※調査での受験費用は、受験したすべての学校・学部の受験料および受験のための交通費・宿泊費

「令和3年度 教育費負担の実態調査結果」（日本政策金融公庫）より作成

大学の教育費が心配なら高3のうちに奨学金を予約

教育資金が足りないときの対策は2つ。保護者が教育ローンを借りるか、子どもが奨学金を借りるかです（156〜159ページ参照）。奨学金で最もよく利用されているのが日本学生支援機構の貸与型の奨学金。

　大学でも申し込めますが、高校3年生で予約採用を申し込んでおけば、入学後4月分から受け取れます。申込みの流れは以下の通り。受験する大学は決まっていなくてかまいません。採用には学力と保護者の所得に基準があります。保護者の所得が一定以下の場合に利用できる返済不要の給付型奨学金（158ページ）も予約採用を申し込めます。

　ただし、予約採用で候補者に決定しても、実際に奨学金が振り込まれるのは大学に入学した後です。最低でも、受験の費用、合格した大学の入学金と前期の授業料は必要です。

高校生等が予約採用で奨学金を申し込む場合の流れ

進学前（高等学校等にて必要な手続き）

高等学校等から申込み関係書類等を受け取る

申込み手続き

●インターネット（スカラネット）より申込み情報を入力
●日本学生支援機構（JASSO）にマイナンバーを提出
●高等学校等に申込み書類を提出

「採用候補者決定通知」の交付

●申込みをした学校から「採用候補者決定通知」を受け取る
※インターネット（スカラネット）から確認することもできる

進学後（大学等に進学した後に必要な手続き）

「進学届」の提出

●「採用候補者決定通知書」を進学先の学校に提出
●インターネット（スカラネット）より進学届を提出

奨学生として採用・通知

奨学金の振込開始

日本学生支援機構のWebサイトより作成

高校7

18歳になったらできること

保護者の同意なしで様々な契約ができる

２０２２年４月に成年年齢が引き下げられたので、高校３年生で18歳の誕生日を迎えると成年です。

保護者の同意がなくても、クレジットカードを作ったり、携帯電話の契約をしたり、ローンを組んだり、部屋を借りたりできます。自分の意思で、様々な契約ができるわけです。

未成年との大きな違いは、「未成年者取消権」を行使できないこと。「未成年者取消権」とは、未成年者が保護者の同意を得ずにした契約は取り消せるという民法の定めです。成年になると自分でしたことの責任は自分で負わなければなりません。

進学や就職といった進路、住む場所も自分で決定できます。

18歳になったらできること・できないこと

18歳になったらできること

1人での契約

親の親権に属さず、自分の意思で進路や住む場所を決められる

結婚

男女とも18歳になると結婚できる（改正前は男子18歳、女子16歳）

国家資格に基づく就職

公認会計士や司法書士などの職業に就ける

パスポート

10年有効のパスポートの取得

これまで通り20歳にならないとできないこと

- 飲酒
- 喫煙
- 国民年金への加入
- 競馬・競輪などの投票券を買うこと
- 養子を迎える
- 大型・中型自動車運転免許の取得
（大型自動車運転免許の取得は21歳以上）

日常の会話が見守りにつながる

不安視されているのが、悪徳商法や金融詐欺などの被害に遭わないかということ。そのため、小・中・高校で消費者教育が行われていますが、家庭での会話も大事です。

ラクしてお金が儲かる話などないことや、金融庁の免許・許可・登録を受けている金融機関を通して行う消費者にとってのまっとうな貯蓄や投資について家庭でも話せるといいですね。そのためには、親は親で家計管理や資産形成に取り組むこと。

成年とは言え、金融取引の知識や経験はまだ少なく、ほとんどの子どもは自分で生計を立てているわけでもありません。高校3年生以降、就職して数年後までは、親として見守る時期にあたるでしょう。

勧誘を受けたり、万一、被害に遭ったりしたとき、子どもが親に相談できる関係にしておきたいですね。

民法における成年年齢とは？

- 1人で有効な契約ができる年齢（未成年者の契約には父母の同意が必要）
- 父母の親権に属さなくなる年齢（父母は未成年者の監護及び教育をする義務を負う）

消費者トラブルに遭わないために

- 軽い気持ちで契約しない
- うまい話に飛びつかない
- ネットの情報に流されない
- 契約をせかすものは相手にしない
- 借金をしてまで契約しない
- きっぱり断ることも勇気！

国民生活センターの新成人向け啓発資料より作成

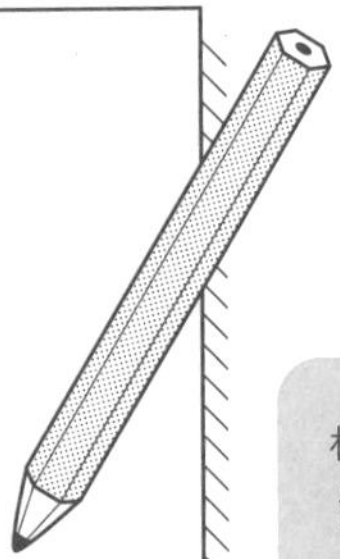

相談先の電話番号は
消費者ホットライン
188（いやや）

消費生活センターや
消費生活相談窓口を
案内してもらえる

高校卒業後の進路

8割は大学などの高等教育機関に進学

高校を卒業後に進める教育機関には、大学（学部）、短期大学、高等専門学校4年、専門学校があります。これらを高等教育機関と呼び、8割以上が高等教育機関に進みます。内訳は、大学と短大で60・4％、専門学校が22・5％、高等専門学校4年が1％（下のグラフ）。

進学せずに就職する場合は、在籍する高校から就職先を斡旋してもらえるケースが多いので高校に相談を。

調査によれば、高校生の14・8％が就職を希望し、そのうち97・9％が就職しています（「令和3年度高等学校卒業者の就職状況」文部科学省より）。工業、水産、商業の就職率は99％台です。

高校卒業後の進学率

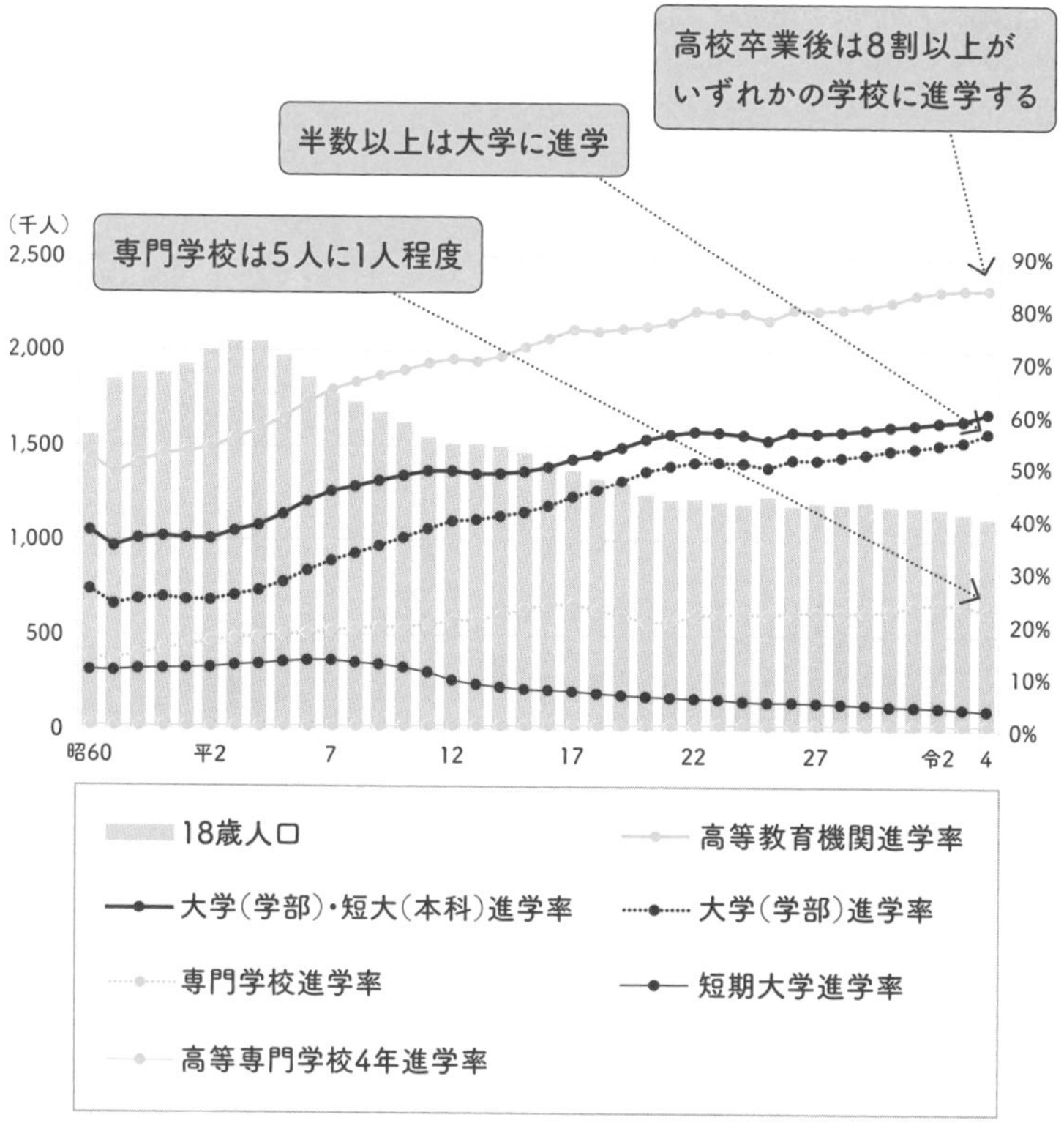

「令和4年度 学校基本調査」（文部科学省）より作成

教育費の負担が最も重い時期が始まる

進学する場合は、いよいよ貯めてきた教育資金を使う時期が始まります。親の年齢も40代から50代になり、住宅ローンをかかえている世帯も多いでしょう。高等教育の費用がかかるこれからの2年～6年は、家計管理が一番大変な期間です。

日本は、教育費に対する公的支援が先進国の中では少ないというデータがあります。特に高等教育は、義務ではなく、あくまで個人の選択だという観点からか、高校までに比べて公的支援が少ないのは現実です。

日本では、奨学金も返済の必要がある貸与型が中心です。奨学金は、子どもの成績に加えて親の収入も判定の基準になるケースがほとんどで、高収入とは言えないけれど低収入でもない中間層は、通常は給付型奨学金の対象にはなりません。気を引き締めて家計管理を。

奨学金を受けている学生の割合

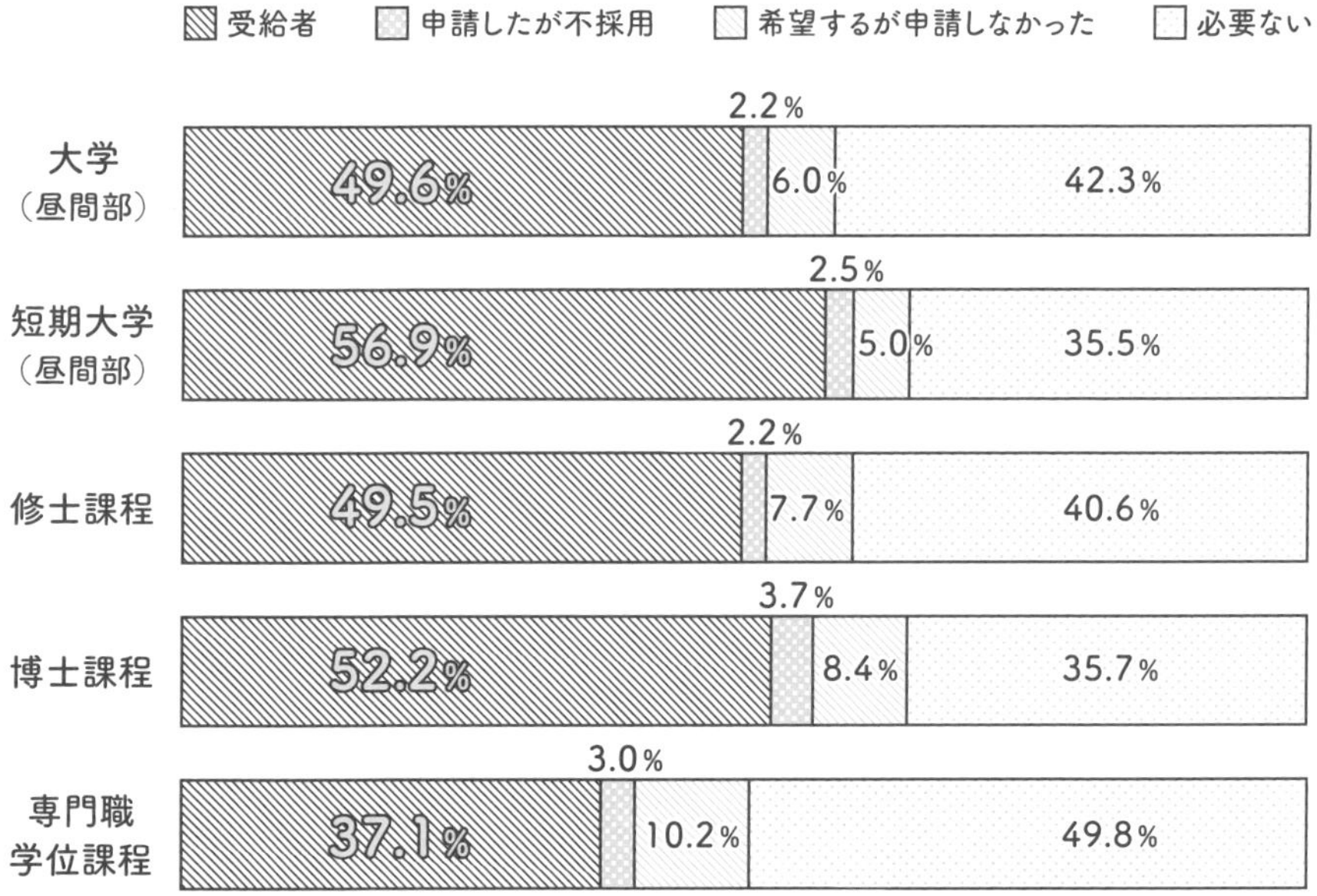

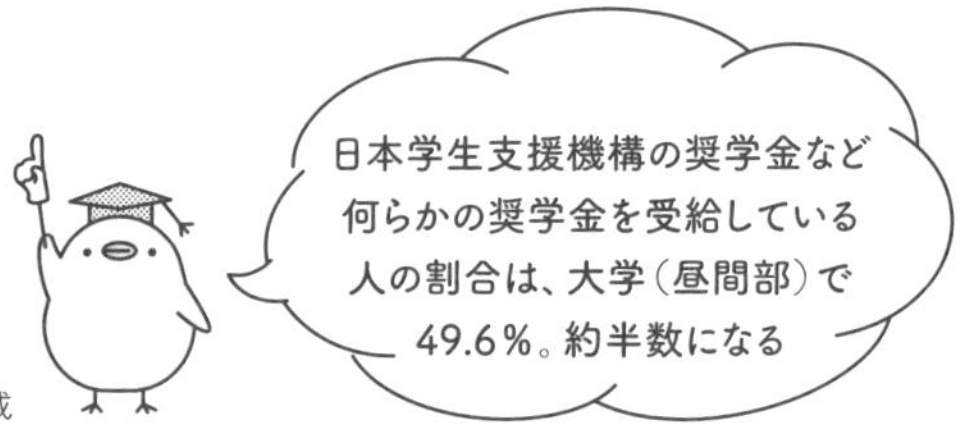

「令和2年度学生生活調査」（日本学生支援機構）より作成

子育て世帯と税金

中学生までは原則税金の優遇はない

子育てにはお金がかかります。そのため、子どもがいる世帯は給付金を受け取れたり、親が納める所得税や住民税が優遇されたりします。

条件を満たした場合に受け取れる給付金は、これまでの章で紹介してきました。一方で、納めるべき税金は、子どもが中学生以下か、高校生か、大学生かにより違ってきます。

中学生を卒業する（15歳）までは「児童手当」をもらうため、扶養控除の対象にはなりません。つまり、税金面での優遇はありません。ただし、住民税が非課税になるかどうかの判定では、15歳以下の子どもも扶養親族の人数に数えます（人数に数えるだけで控除はなし）。

扶養控除の金額

区分		所得税	住民税
一般の扶養親族（16歳以上19歳未満）		38万円	33万円
特定扶養親族（19歳以上23歳未満）		63万円	45万円
一般の扶養親族（23歳以上70歳未満）		38万円	33万円
老人扶養親族（70歳以上）	同居以外	48万円	38万円
	同居	58万円	45万円

※ 年齢はその年の12月31日現在。
いずれの区分も、納税者と生計を一にし年間の合計所得金額が48万円以下が条件

教育費がかかる高校・大学の子どもがいると税金を優遇

扶養する親族がいると、収入から扶養控除を引くことができます。25ページで税金計算の仕組みを説明しました。所得税や住民税は、所得から所得控除を引いたあとの課税所得に税率をかけて計算するので、所得控除が多いほど税金は少なくなります。扶養控除は所得控除の一種です。

子どもが16歳以上になると、児童手当をもらえない代わりに扶養控除の対象になります。高校生（16歳から19歳未満）は、所得税で38万円、住民税で33万円、大学生（19歳以上23歳未満）は、所得税で63万円、住民税で45万円を控除できます（前ページの表）。親の税金を計算する際に、この金額を所得から引けるので、所得税・住民税が安くなります。会社員は年末調整、個人事業主は確定申告で忘れずに申告を。

+1point!

子どものアルバイト収入に注意

扶養控除の対象になるのは、所得が一定額以下の場合です。高校生や大学生になるとアルバイトをすることが増えてきます。アルバイトなどによる所得の合計が年間48万円を超えると、親の扶養から外れるので、親の税金が高くなります。

アルバイトが給与収入なら給与所得控除（給与収入162万5000円以下なら55万円）を引けるので年間（1月1日から12月31日まで）の給与収入合計が103万円までなら扶養控除の対象。

ここ数年増えているデリバリーの配達員は、給与ではなく業務委託による報酬が多いようです。報酬から仕事をするためにかかった経費を差引後の所得が年間48万円を超えると親の扶養から外れます。

子どもがアルバイトをする際は、税金についても注意を。

+1point!

業務委託で働くとは？

時給や日給、月給などの給与ではなく、一回いくらなどの契約で仕事を請け負うのが業務委託です。収入から給与所得控除を引くことはできず、受け取った報酬から実際にかかった経費を差し引き、そこから、基礎控除を引いて課税所得を計算します。

つまり、経費を差引後の課税所得が48万円を超えるなら所得税がかかります。住民税もかかる可能性が高くなります。親や配偶者の扶養からははずれます。

Column

離婚と子育て費用

子どもがいる夫婦が離婚する場合、子どもが未成年なら、どちらが親権者になるかを決めます。親権者は子どもを引き取って育てます。親権者から、親権者ではない側に請求できるのが養育費です。

養育費は夫婦で話し合って決めますが、まとまらないときは家庭裁判所に調停を申し立てます。その際に目安となる金額があります。

双方の収入と子どもの年齢、人数をもとに算定表を使って求めます。例えば、14歳以下の子どもが1人、支払う側の年収800万円（会社員）、受け取る側の年収400万円（会社員）なら、月6～8万円。

成人年齢が18歳に引き下げられましたが、養育費は子どもが未成熟子を脱するまでという考え方から20歳までが目安。大学まで進学するなら、夫婦の話し合いで大学を卒業するまでの取り決めもできます。

口約束ではなく、裁判所の調停で決めるか、公正証書を残しておきましょう。その後、再婚したなど状況が変われば、変更できる場合もあります。

Column

高校生向けの奨学給付金

高校生は、世帯の所得に応じて高等学校等就学支援金をもらうことができ、私立なら上乗せもあります。

保護者の所得が一定額以下の場合には、これと合わせて高校生等奨学給付金をもらうことができます。

保護者の年収の目安と支給額は下の表の通り。金額は年額で、保護者の年収、在籍するのが国・公立か私立か、子どもの数により異なります。

失業などにより、家計が急変した場合も対象になります。問合せは学校や住んでいる自治体へ。

高校生への2つの支援

両方利用できます!

保護者等の年収目安	約270万円未満	約270～590万円	約590～910万円	約910万円以上
①高等学校等就学支援金	国公立:約12万円			
	私立:約40万円		私立:約12万円	
②高校生等奨学給付金	約3～15万円			

高校

7

この時期のアクション

- [ ] 高校卒業後の進路を考える。
- [ ] 卒業後に就職するなら在学する高校に相談する。
- [ ] 卒業後に進学するなら、大学や専門学校のオープンキャンパスに参加して進学先を検討する（高2、高3）。
- [ ] 進学するなら、教育資金用の貯蓄残高を確認して、足りるかどうかを確認する。
- [ ] 進学後の学費が不安なら、高校3年生の春に日本学生支援機構の奨学金の案内があるので、在籍する高校を通して予約採用を申し込む。
- [ ] 進学したい大学や専門学校に独自の奨学金制度がないかを調べる。

第8章

大学

大学 8

高等教育の種類と費用

学校数も生徒数も私立大学がもっとも多い

高校卒業後に進める高等教育機関は、大学、短期大学、高等専門学校（4年）※、専門学校があります。在学者が最も多いのは大学、次が専門学校です。私立、公立、国立では、学校数でも学生数でも私立が多く、高校までとは大きく違ってきます。

国・公立の学費は、国により標準額が定められています。標準額を基に各大学が決めますが、それほど大きな差はありません。私立はそれぞれの学校が独自に決め、国・公立よりも高めです。国・公立、私立とも初年度は授業料に加えて入学金を納めます。私立では、授業料と合わせて毎年、施設設備費も支払うのが一般的です（次ページの表参照）。

※中学卒業後に入学し、5年制なので19歳で4年生になる

高等教育機関の学校数と在学者数

	学校数 国立	学校数 公立	学校数 私立	学校数 合計	在学者数 国立	在学者数 公立	在学者数 私立	在学者数 合計
大学（学部）	82校	98校	602校	782校	43万1106人	14万3513人	205万7597人	263万2216人
短期大学	ー	14校	295校	309校	ー	5110人	8万9603人	9万4713人
高等専門学校	51校	3校	3校	57校	5万1234人	3780人	1740人	5万6754人
専門学校	8校	180校	2533校	2721校	273人	2万2068人	55万9181人	58万1522人

「令和4年度学校基本調査」（文部科学省）より作成

私立の学費は志望する学校・学部を確認

入学金が必要な初年度に学校に払う費用は、国立が約82万円、公立が約93万円、私立大学は約１３６万円。２年目以降は、国・公立が授業料の約54万円、私立が施設設備費と授業料の合計で約１１１万円。

かつて、平均的に私立は国立の５倍程度の費用がかかりましたが、現在は２倍程度です。

ただし、国・公立は学部による授業料の差はありませんが、私立は、そもそも大学ごとに授業料や施設設備費が異なり、同じ大学でも学部によりかなり違います（次ページ参照）。文科系よりも理科系が高めです。

私立の専門学校も、平均的には私立大学と同程度ですが、専攻する分野によりかなり違いがあります。

私立は、平均額ではなく志望する学校・学部の費用を事前に確認しておくことが必須です。

大学等の学生納付金（初年度）

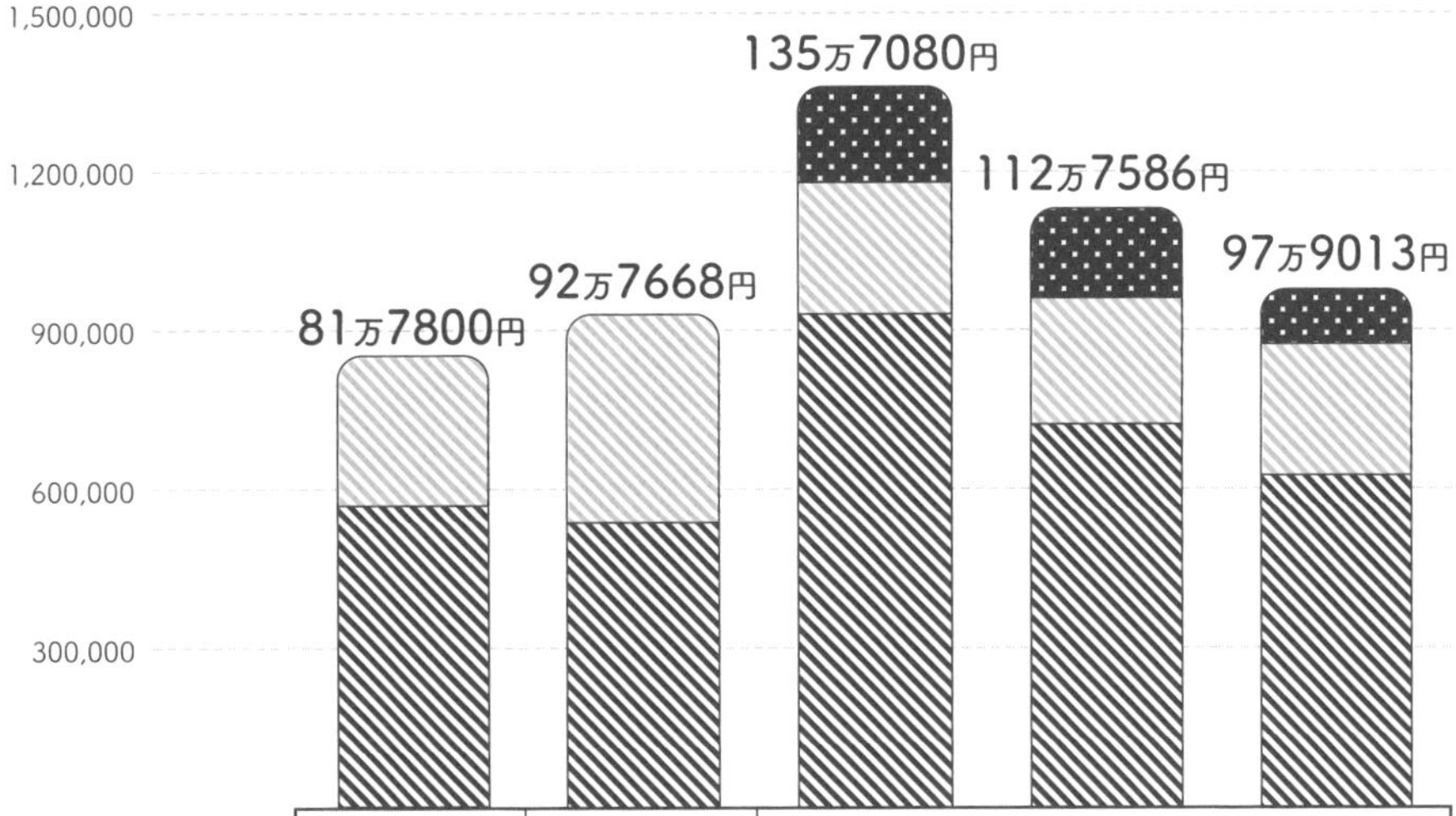

	国立大学	公立大学	私立		
			大学	短期大学	高等専門学校
授業料	53万5800	53万6363	93万0943	72万3368	62万7065
入学料	28万2000	39万1305	24万5951	23万7615	24万6753
施設設備費	ー	ー	18万0186	16万6603	10万5195
合計	81万7800	92万7668	135万7080	112万7586	97万9013

（円）

国立大学は標準額。公立大学は平均額。施設設備費がかかる場合もある。
私立は「私立大学等の令和3年度入学者に係る学生納付金等調査結果について」（文部科学省）より。集計学校数：私立大学597大学、私立短期大学282大学、私立高等専門学校3校

私立大学の学部ごとの費用

理科系学部や実技系学部は文科系学部より高い

下の表は学部の系統別に授業料や入学金、施設設備費をまとめたものです。文科系学部は、年間の授業料は平均１００万円未満。理科系学部はどの学部も１００万円を超えていて、薬学部は平均約１４３万円で、医科歯科系は平均３００万円前後。その他には実技系の学部があり、芸術学部は１００万円を超えます。

入学料は、薬学部と医科歯科系が高く、他は平均20万円台。施設設備費は、薬学部、医科歯科系学部、実技系学部が高くなります。

あくまで私立大学の平均なので、大学により違ってきますが、学部によりどれくらいの水準かという目安がわかります。

私立大学の初年度学生納付金の平均額

（円）

		授業料	入学料	施設設備費	合計
文科系	文・教育	82万1813	22万5770	15万5794	120万3377
	神・仏教	77万0742	22万1067	15万4743	114万6551
	社会福祉	78万2154	21万6339	17万0198	116万8691
	法・商・経	81万2758	22万6215	14万1447	118万0420
	平均	81万5069	22万5651	14万8272	118万8991
理科系	理・工	**111万1240**	23万8432	15万4990	150万4662
	薬	**142万7708**	33万4717	**31万1125**	207万3550
	農・獣医	**100万8511**	25万1393	20万8826	146万8730
	平均	113万6074	25万1029	17万9159	156万6262
医歯系	医	**267万0071**	134万0379	**109万7202**	510万7652
	歯	**326万7136**	59万9454	63万1960	449万8551
	平均	288万2894	107万6278	93万1367	489万0539
その他	家政	82万8378	24万0706	18万6041	125万5126
	芸術	**113万0319**	24万2414	27万3410	164万6143
	体育	83万9357	25万0277	21万0443	130万0077
	保健	99万3583	26万6006	24万6452	150万6041
	平均	96万9074	25万4836	23万5702	145万9612
全平均		93万0943	24万5951	18万0186	135万7080

※医学部看護学科は「医」区分に含まず、「保健」区分に含める。

「令和3年度 私立大学入学者に係る初年度学生納付金平均額の調査結果について」（文部科学省）より作成

在学中の合計費用は400万円から2400万円

調査データをもとに卒業までの４年分を計算してみると、文科系学部が平均約４０８万円、理科系学部が平均約５５２万円、その他の学部が平均約５０７万円。ただし、理科系学部のうち薬学部薬学科と獣医学部獣医学科は６年制なので、あと２年分の授業料・施設設備費が必要です。医科歯科系も６年制で６年分の合計は平均約２３９６万円。

学部によっては、これに加えて、実験実習料が必要になることも。

文科系学部はもちろん、学費が高めの理科学部や実技系学部に進む可能性があるなら、教育費を見積もっておくことです。どれくらいかかるかは、子どもとも共有しましょう。

大学で学んだことは、その後の職業につながることも多く、自立に向けて子育ての仕上げともいうべき時期であり教育費の山場にあたります。

私立大学の4年間（医・歯は6年間）の合計額の目安

文科系

平均 407万9015 円

理科系

平均 551万1961 円

医科歯科系

平均 2396万1844 円

その他

平均 507万3940 円

入学料＋授業料と施設設備費の4年分
理科系学部の薬学部薬学科と獣医学部獣医学科は6年制

「令和3年度 私立大学入学者に係る初年度学生納付金平均額の調査結果について」（文部科学省）をもとに計算

大学
8

大学生の生活費

保護者からのおこづかいや仕送りは平均で月1万円〜7万円

大学生活を送るには、学費以外にも、学校までの交通費や食事代、書籍代、サークル活動の費用などがかかります。

自宅生は、保護者からまだおこづかいをもらっている学生も多いようです。調査によれば、平均月１万円程度。一方、家賃がかかる下宿生は保護者から仕送りをもらっています。こちらは平均月７万円程度。加えてアルバイトや、人によっては奨学金を借りてまかなっています（下の表）。

自宅生の収入は平均で月６万円ちょっと。下宿生の収入は仕送りも入れて平均で月12万５０００円程度。ここから食費や交通費など、下宿生は住居費も支出しています。

1か月の生活費

自宅生

おこづかい	1万0370円
奨学金	1万0240円
アルバイト	3万9860円
その他	3160円
収入合計	6万3630円
食費	1万0540円
交通費	7990円
教養娯楽	1万1940円
その他	3万2500円
支出合計	6万2970円

下宿生

仕送り	7万1880円
奨学金	2万0380円
アルバイト	2万9130円
その他	3900円
収入合計	12万5280円
食費	2万4680円
住居費	5万3920円
交通費	3850円
教養娯楽	1万1760円
その他	3万0840円
支出合計	12万5040円

「第57回 学生の消費生活に関する実態調査報告書『CAMPUS LIFE DATA 2021』」（全国大学生活協同組合連合会）より

※ 費目ごとの平均値を四捨五入しているため「収入合計」「支出合計」と各費目の合計が一致しない場合がある

下宿生は敷金や家財道具に約40万円

自宅外通学の下宿生は、借りる部屋の敷金・礼金に加えて家具・家電も買い揃える必要があります。

家具や家電も含めて親が出した費用は、調査では平均38・7万円。25万円未満がもっとも多く32・7%、25万円以上50万円未満が続き30・7%(下のグラフ)。

自宅生も、入学にあたり費用が全くかからない人は少ないでしょう。オンライン授業やレポート作成に備えて本人専用のパソコンを買う、通学用の服や鞄を買い足すなどの支出もあります。

受験が始まると、受験費用、初年度納付金に続いて、入学準備のこういった費用も短期間のうちにかかってきます。なるべく安くすませるには、パソコンや家電は、新製品よりも安くすむ型落ちを選ぶ方法もあります。親子で話し合って工夫を。

自宅外通学を始めるための費用

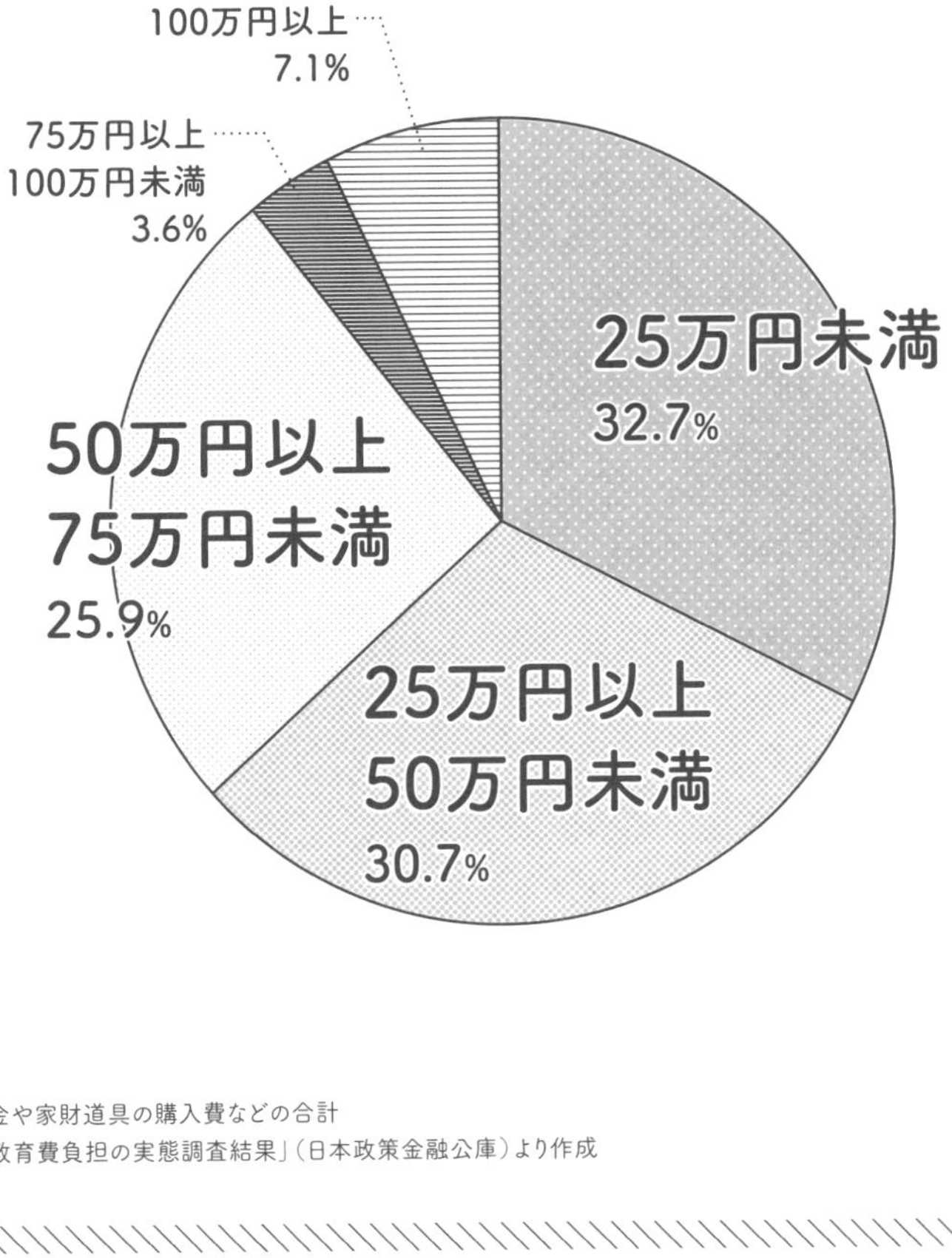

アパートの敷金や家財道具の購入費などの合計
「令和3年度 教育費負担の実態調査結果」(日本政策金融公庫)より作成

大学 8

大学院まで進むなら

8人に1人は、修士課程などに進学

大学の学部を卒業した後、就職する学生は74・5%。大学院の修士課程（博士前期課程）などに進学する学生は12・4%です。修士課程修了者のうち就職する学生は76・1%、さらに博士後期課程などに進学する学生は10・3%です（「令和4年度学校基本調査」より）。

社会の変化は激しく、仕事の仕方や内容も大きく変化していて、今後も加速しそうです。高度な技術や判断を求められる仕事では、専門の内容を学ぶことが欠かせません。

また、長くなった人生で仕事を続けていくために、いったん就職した後、大学院に入る人もいます。大学院の学費も知っておきましょう。

大学院の学校数と在学者数

	学校数	在学者数
公立	89校	1万7488人
国立	86校	15万3354人
私立	482校	9万0940人
合計	657校	26万1782人

「令和4年度 学校基本調査」（文部科学省）より作成

国立は学部と同じ 私立は学部よりも低め

　大学院の設置数は私立が圧倒的に多いのですが、学生数では国立大学がもっとも多くなっています。

　国立大学の大学院の学費は学部と同じです。標準額が、授業料約54万円、入学金約28万円。公立も国立に準じます。

　私立は学部と同様に、大学および学問分野により学費が異なります。学部よりは低めに設定されている大学が多いようです。

　国立、私立いずれも、法科大学院（専門職大学院）は学費が高めです。

　大学院まで進むとなると、専門分野を深めることは重要だとしても、どこまで保護者が負担するか悩んだり、本人が進学を希望しても家計に余裕がない家庭もあるでしょう。

　日本学生支援機構の奨学金は大学院生も対象で、成績などにより返済が免除されることもあります。

大学院入学者に係る初年度学生納付金平均額

国立大学（標準額）

	授業料（年額）	入学金	合計
大学院	53万5800円	28万2000円	81万7800円
法科大学院	80万4000円	28万2000円	108万6000円

文部科学省 省令より

私立大学修士課程

	授業料	入学料	施設設備費	合計
人文・社会科学	66万1540円	19万9805円	6万4428円	92万5773円
理・工・農学	86万5700円	20万1427円	7万4866円	114万1992円
保健	76万0111円	22万3271円	7万2856円	105万6238円
家政・芸術	90万0708円	21万6693円	20万9198円	132万6600円
その他	82万2731円	19万0456円	5万4624円	106万7812円
全平均	77万6040円	20万2598円	7万6206円	105万4844円

私立大学博士課程

	授業料	入学料	施設設備費	合計
人文・社会科学	62万0670	18万6845	5万9771	86万7285
理・工・農学	71万1703	18万9918	5万8598	96万0219
保健	57万0021	19万1823	3万1314	79万3159
家政・芸術	79万3544	22万5465	18万1712	120万0721
その他	62万3617	18万2598	4万0100	84万6315
全平均	62万8729	18万9623	5万1842	87万0194

私立大学 専門職大学院

	授業料	入学料	施設設備費	合計
法科大学院	112万9066円	20万7445円	11万7970円	145万4481円
その他	107万3374円	19万5378円	4万2743円	131万1495円
全平均	108万6353円	19万8190円	6万0274円	134万4817円

私立大学の表はいずれも「令和3年度 私立大学大学院入学者に係る初年度学生納付金平均額（定員1人あたり）の調査結果について」（文部科学省）より

大学 8

日本学生支援機構の奨学金

本人の成績と親の収入で採用が判断される

収入や貯蓄では学費が足りない場合に利用できるのが奨学金と教育ローンです。奨学金は子ども本人が申し込みます。返済の必要がない給付型と、卒業後に返済する貸与型があります。一方、教育ローンは保護者が申し込み、保護者が返済します。

所得などの要件を満たすなら、奨学金から検討しましょう。借りた場合も金利が低く、その後の状況に応じて、返済の猶予や免除の制度があるからです。

利用者が多いのは、日本学生支援機構の貸与型奨学金で、第一種と第二種があります。利用できるかどうかは本人の成績（予約採用は高校時代）と世帯の所得によります。

無利子または低金利だが借りるのは必要最小限に

本人の成績、世帯の所得いずれも第二種の方がゆるやか（次ページ参照）。

第一種は無利子で、借りた金額のみ返済します。第二種は利子が付き、金利が変わらない利率固定方式と、途中で金利が変わる利率見直し方式から選びます。金利の上限は3％と法令で決まっていて、低金利の影響で現在はいずれも0・5％以下です。

第一種は、借りたい月額を選べますが、学校の種類などにより上限があります。第二種は、2万円以上12万円の間で1万円単位で選択できます。借りる金額は必要最小限に。

奨学金とはいえ、お金を借りるので、機関保証制度（奨学金から保証料を引かれる）を利用するか、親などを連帯保証人にします。親も老後が近くなる年代なので、機関保証が適切ではないでしょうか。卒業の半年後から返済が始まります。

奨学金と教育ローンの違い

奨学金

- 子どもが給付を受ける、または借りる
- 借りた場合は、子どもが返す
- 日本学生支援機構の奨学金を中心に、学校、自治体、財団などの奨学金もある

教育ローン

- 親が借りて、親が返す
- 国の教育ローンと民間金融機関の教育ローンがある

利子が付かない第一種奨学金

対象となる人は？

学力基準

申込み時までの高等学校等での成績が評定平均値（5段階評価）で平均3.5以上

3.5未満でも以下の人は学修意欲があれば対象。

家計基準（4人世帯の場合）

申込み時の家計（年収の目安）が
・給与所得世帯 747万円以下（収入）
・給与所得以外の世帯 349万円以下（所得）

この家計基準に満たなくても以下の人は対象。

住民税（市区町村民税）非課税世帯・生活保護受給世帯の生徒または社会的養護を必要とする人（児童養護施設の入所者等）

※大学、短期大学、専修学校（専門課程）に進学する場合の基準

毎月いくら借りられるの？

学校の種類や通学形態、入学年度によって金額は異なる。

区分 / 月額の種類	大学				短期大学・専修学校（専門課程）			
	国・公立		私立		国・公立		私立	
	自宅	自宅外	自宅	自宅外	自宅	自宅外	自宅	自宅外
最高月額	4万5000円	5万1000円	5万4000円	6万4000円	4万5000円	5万1000円	5万3000円	6万円
その他				5万円				5万円
		4万円	4万円	4万円		4万円	4万円	4万円
	3万円	3万円	3万円	3万円	3万円	3万円	3万円	3万円
	2万円	2万円	2万円	2万円	2万円	2万円	2万円	2万円

※大学院、高等専門学校の場合、選べる貸与月額が異なる。

利子が付く第二種奨学金

対象となる人は？

学力基準

以下のいずれかに該当
・高等学校等での申込み時までの成績が学校の平均水準以上
・特定分野で特に優れた資質能力がある
・大学などで学修意欲があり、学業を確実に修了できる見込みがある

家計基準（4人世帯の場合）

申込み時の家計（年収の目安）が
・給与所得世帯 1100万円以下（収入）
・給与所得以外の世帯 692万円以下（所得）

毎月いくら借りられるの？

2万円～12万円（1万円刻み）

※大学、短期大学、専修学校（専門課程）に進学する場合の基準。

大学 8

奨学金の活用法

大学生活の収支計画を立て貸与の月額を決める

奨学金の月額をいくらにするか迷いますよね。例えば、第一種は国立大学で自宅通学だと最高月額は4万5000円です。12か月分で国立大学の年間授業料に相当します。

授業料の半分程度は払えるなら、その分の奨学金を減らし、生活費は子どものアルバイトでまかなう。学費は払えるけど仕送りが難しいなら、アルバイトだけでは不足する生活費に奨学金をあてるなど。準備できている資金と足りない分を確認し、奨学金をどう使うかで判断します。

それには子どもと計画をすり合わせることが重要。返済はいずれ子ども自身が行うので、その自覚も必要となります。

日本学生支援機構の給付型奨学金の仕組み

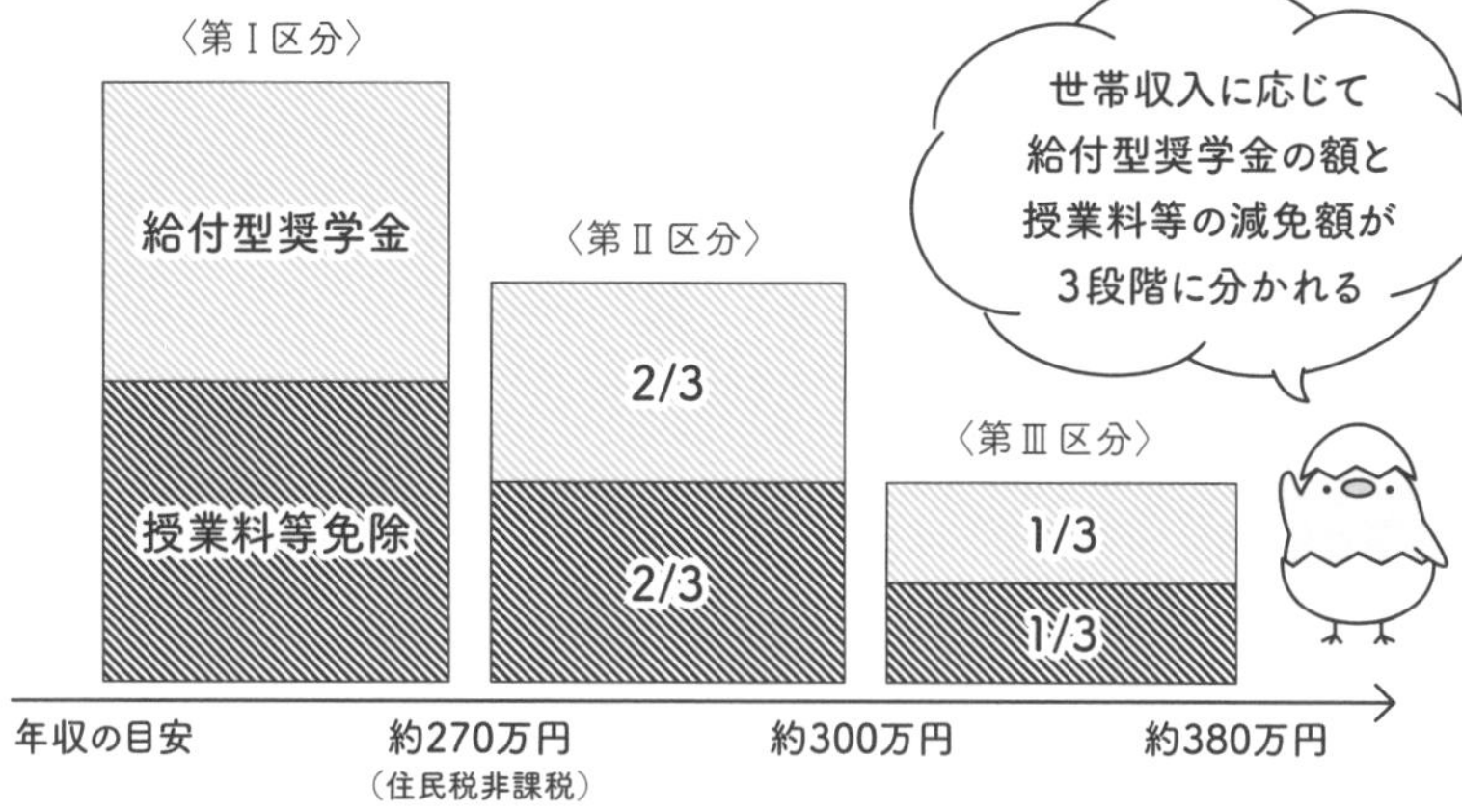

上記の年収の目安は、両親・本人・中学生の4人世帯を想定した「例」

給付型奨学金の上限額（月額）

（住民税非課税世帯〈第Ⅰ区分〉の場合）

大学、短大、専修学校（専門課程）

国公立				私立			
自宅	2万9200円（3万3300円）	自宅外	6万6700円	自宅	3万8300円（4万2500円）	自宅外	7万5800円

※生活保護世帯で自宅から通学する人および児童養護施設等から通学する人は、カッコ内の金額となります

立場に応じた給付型奨学金を探そう

世帯の所得が低い場合は、日本学生支援機構の給付型奨学金の対象です。条件は、成績が5段階評価で3・5以上、住民税非課税か、それに準ずる世帯。日本学生支援機構の給付型奨学金は、授業料や入学金の減免も受けられます。奨学金と授業料等の減免額は、世帯収入に応じて3段階です（前ページの図表を参照）。

高校3年生で予約採用を申し込むのが鉄則ですが、大学入学後の申し込みも可能。失業などで家計が急変した際も対象となります。

奨学金制度は、各大学、地方自治体、財団などにもあります。それぞれに対象となる学生や内容、募集時期が異なります。受験前はもちろん、在籍中も、応募できる給付の奨学金を探して申請しましょう。中には倍率が高いものも。情報収集は日本学生支援機構や各大学のサイトで。

授業料・入学金の減免上限額（昼間制・年額）

（住民税非課税世帯〈第Ⅰ区分〉の場合）

	国公立		私立	
	入学金	授業料	入学金	授業料
大学	約28万円	約54万円	約26万円	約70万円
短期大学	約17万円	約39万円	約25万円	約62万円
高等専門学校	約8万円	約23万円	約13万円	約70万円
専修学校（専門課程）	約7万円	約17万円	約16万円	約59万円

「高校教員向け『進学マネー・ハンドブック』」（日本学生支援機構）より

＋1point!

地方自治体の返還支援制度

貸与の奨学金は、就職後に子どもが自分で返すことになりますが、これを支援してくれる制度があります。地方創生の一環として、奨学金を抱える学生が、対象となる地域に住み、対象となる事業所に就職すると、返済を支援（肩代わりなど）してくれます。就職活動の際には検討も。条件は、制度を実施する自治体のサイトで確認を。

大学 8

教育ローンの種類と特徴

国の教育ローンは世帯年収に上限

奨学金が入学後にしか振り込まれないのに対して、入学前に借りられるのが教育ローンです。

教育ローンは次のようなケースで利用します。入学のための納付金が準備できないとき、収入基準を超えていて、奨学金が使えないとき。

ただし、国の教育ローン（日本政策金融公庫の教育一般貸付）には世帯年収に上限があります（下図）。

国の教育ローンは、中学卒業以上の子どもの教育資金を、1人につき350万円まで借りられます。在学中は利息のみの返済も可能。学費以外にもアパートの敷金など幅広く使えます。保証人を立てるか、保証料を払って機関保証を利用します。

国の教育ローン

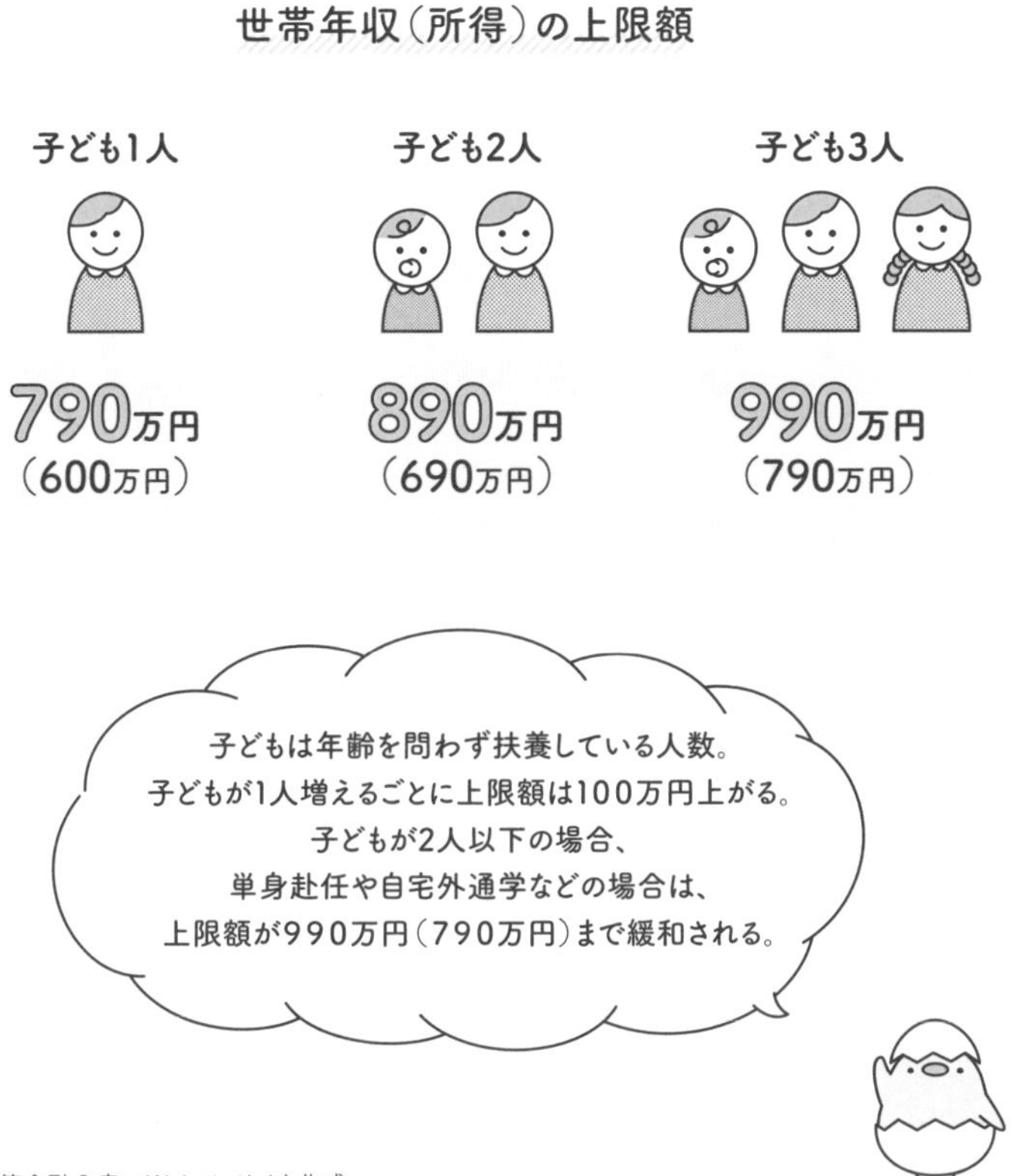

日本政策金融公庫のWebサイトより作成

金利や上限額はそれぞれ民間の教育ローン

銀行や信用金庫など民間の金融機関が提供する教育ローンもあります。国の教育ローンとの違いは、収入の上限がないこと、借入可能額も大きく、金融機関により１０００万円までなど。ただし、返済能力に関する審査があります。申込みから融資実行までの期間は短めです。

金利は金融機関ごとに違い、金利の水準は、国の教育ローンよりも高めの金融機関が多いようです。変動金利と固定金利があり、変動金利は借入後に金利が上がると利子が増え、総返済額も増えるので注意を。

教育ローンは奨学金と併用できるので、子どもは奨学金、親は教育ローンを借りることも可能ですが、親子で借金を抱えることに。借りずに済むなら借りない方が家計は健全です。家計を見直した上で、どうしても足りない分だけにしましょう。

国の教育ローン（日本政策金融公庫　教育一般貸付）

利用できる人

貸付の対象となる学校に入学・在学する子どもの保護者で、世帯年収が上限以内の人

借入可能額

子ども1人当たり350万円まで
（自宅外通学、大学院、海外留学などは450万円まで）

申込時期

1年中いつでも受付。
必要時期の2～3か月前が目安。
受験前でも申込みできる

対象となる学校

大学、大学院、短大、高校、高専、専門学校、各種学校、予備校、デザイン学校など

必要書類

住民票の写し、運転免許証またはパスポート、源泉徴収票、学校案内、授業料納付通知書など

金利・返済期間

固定金利1.95％※
最長18年
※ 母子家庭、父子家庭、世帯年収が一定以下などなら金利優遇あり（▲0.4％）

日本政策金融公庫の各店舗に加えて、インターネットでの申込みも可能
金利は、2023年1月12日現在

大学生へのお金の教育

月1回の収支確認を習慣に
クレジットカードの使い方に注意

大学生になると、アルバイト収入や奨学金などを子ども自身の銀行口座で受取るようになり、使うお金も高校生までより増えます。子ども名義でクレジットカードを作って利用するケースもあるでしょう。銀行口座やクレジットカードの明細をこまめに見ること、月に1回は収支を振り返るよう働きかけを。

後払いのため手元にお金がなくても支払いができるクレジットカードは、使いすぎになりがち。口座残高の範囲で予算を決めて使うことを身に付けさせましょう。リボ払いや3回以上の分割払いは手数料が高く、購入代金以上の支払いが生じるので使わないよう伝えます。

クレジットカードの上手な使い方

- [ ] 銀行口座の残高の範囲で予算を決めて使う
- [ ] 親の口座から引き落とす家族カードの場合は、1か月に使える金額を決める
- [ ] 請求書やWEB明細で使った内容と引き落とし額を確認
- [ ] 支払いは手数料がかからない1回または2回払いに
- [ ] 手数料が高いリボルビング払いや3回以上の分割払いはしない

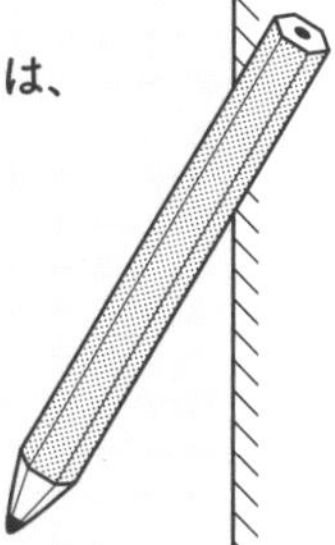

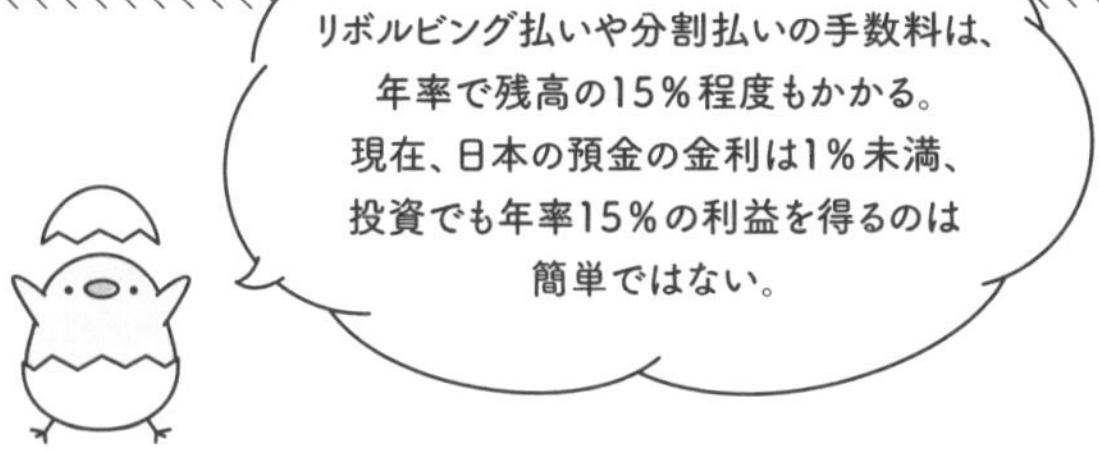

SNSをきっかけとしたトラブルの防止策

スマートフォンとキャッシュレス決済が普及したことで、子どもの交友関係やお金の使い方が親から見えにくくなっています。

特に注意したいのが、SNSをきっかけとした消費者トラブルです。消費者センターなどへの相談件数は20代が最も多く、内容は、お試しのつもりで購入したのに定期購入の契約になっていて高額を請求された、儲け話の誘いに乗って支払いをしたがその後は連絡が取れないなど。

SNSの広告や勧誘は、発信者が信用できるのかを確認すること、その場で契約や申し込みをせず家族に相談するよう日頃から会話を。

またSNSを利用する際は、学生証や運転免許証、健康保険証などの個人情報は絶対に送らないことを徹底させましょう。より大きなトラブルに発展するリスクがあります。

SNSに関連する消費生活センターなどへの相談件数

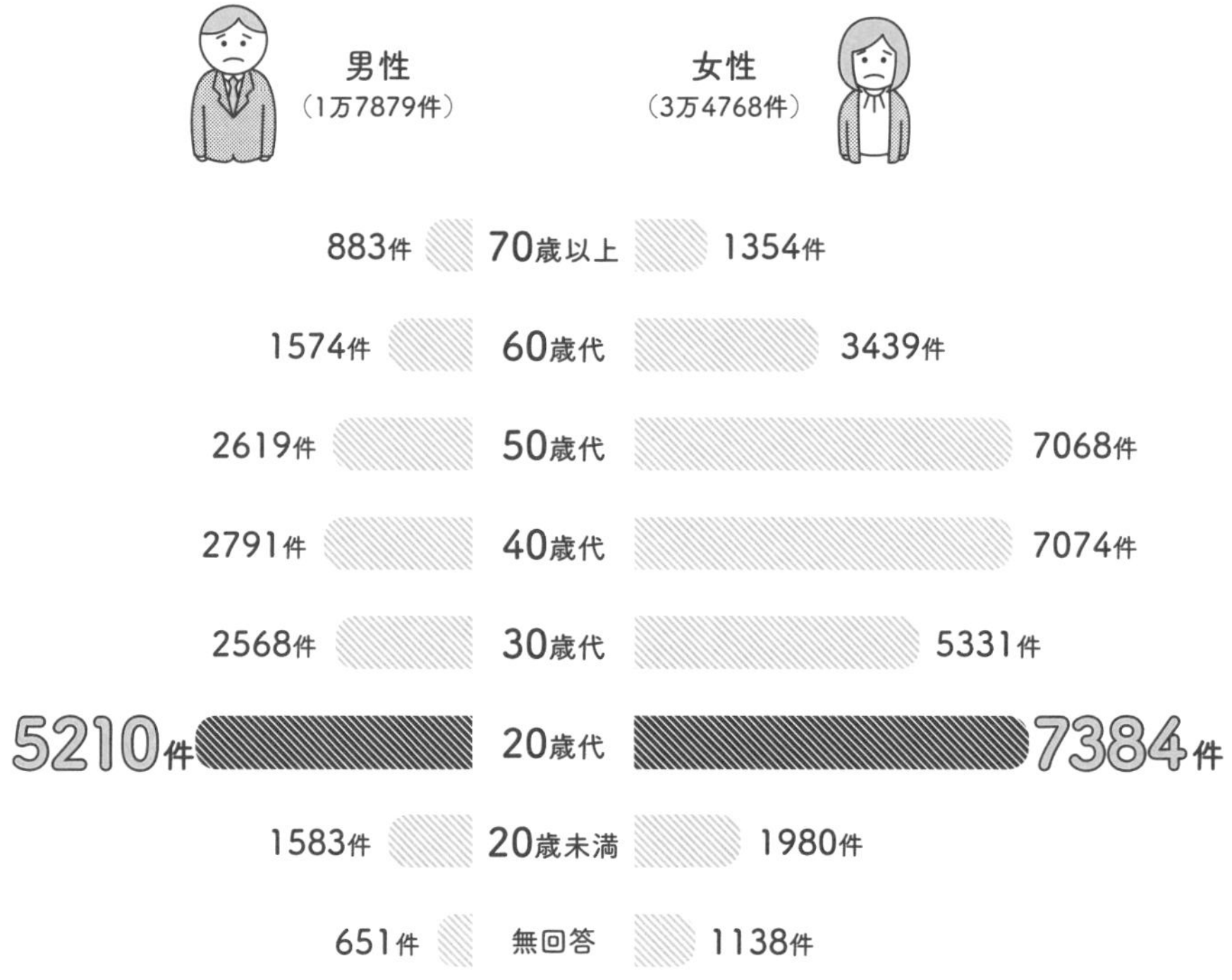

グラフおよび本文中の事例は、ウェブ版「国民生活」2021年10月号（国民生活センター発行）より

Column

就活にかかる費用は平均で10万円未満

就職活動のための主な費用は、スーツや靴、鞄の購入費、交通費です。地域によっては宿泊費がかかることも。調査によれば平均額は約7万5000円（表参照）。

コロナ禍で、オンライン活用が普及し、交通費や宿泊費が減ったことで、コロナ前よりも大幅に減少しました。それでも、安い金額ではありません。

就職活動とアルバイトの両立は大変なので、子どもがアルバイト収入から事前に貯めておくか、親が一部を支援することも検討を。

就職活動全体にかかった費用の平均額

2023年卒（2022年6月12日時点）

地域別	北海道・東北	9万9048円
	関東	7万3343円
	中部	7万7305円
	近畿	7万1891円
	中国・四国	5万9195円
	九州	8万4393円
全国		7万5245円

リクルート 就職みらい研究所「就職プロセス調査」より

Column

20歳になったら国民年金時に、保険になることもある

20歳になると国民年金に加入します。まだ収入がない大学生も加入が義務。日本年金機構から「基礎年金番号通知書」が届き、毎月、年金保険料を納めることに。

老後はあまりに遠すぎて、放置してしまう学生もいるようです。公的年金からは、老後以外にも給付があり、大学生にも関連するのが障害年金です。万一、交通事故などにより障害者になったら、その時点から障害年金（年間80万円から100万円程度）を受け取れます。ただし、年金保険料を払っていないともらえません。確率は低いでしょうが、このような事態になったら親も大変です。国民年金には保険の役割もあります。

とはいえ、収入のない大学生が毎月2万円近い年金保険料を払うのは大変です。そこで利用したいのが学生納付特例制度。年金保険料の支払いが免除され、その分、将来の年金額は減りますが、加入の要件を満たします。

国民年金では、年金保険料を1か月分払うと、将来の年金約1600円分に相当します。学生納付特例なら、将来の年金額を回復したいときは、就職後に追納できます。

もし親の収入に余裕があり、親が子どもの年金保険料を払った場合は、親の社会保険料控除にすることができ、親の所得税、住民税を節税できます。

Column

海外留学の費用はどう準備する？

海外留学の費用は、行先や期間により幅があります。短期なら数十万円程度ですが、大学や大学院の正規課程に留学するなら、年間の費用は100万円以上かかるでしょう。

海外留学のプログラムや、支援する奨学金を持つ大学が増えています。まずは、在籍する大学の海外留学をサポートする部署に相談して情報収集を。

費用を負担する場合、日本学生支援機構の第二種奨学金（156～157ページ）は海外留学も対象です。正規課程への進学であり、在学する学校や卒業した学校の長の推薦が必要。世帯収入や貸与月額は国内の学校と同じです。

国の教育ローン（160～161ページ）も留学費用に使えます。

Column

大学生から資産形成をスタート

投資の非課税口座であるNISAを使える条件は1月1日に成人（18歳）であること。早生まれの子どもは、大学1年生の終わり近くになりますが、大学生は自分名義の非課税口座を開設して投資もできます。

NISAの正式名称は小額投資非課税制度。少額の投資であれば、その利益にかかる税金を非課税にする仕組みです。少額とはいえ、非課税の限度額が2024年から「生涯で1800万円」まで拡大される予定です。

また、2023年までは非課税で投資できる期間が決まっていましたが、2024年以降は制度が大きく改正され、無期限になります。つまり、非課税で投資できる枠をずっと持てることに。

2024年からのNISAには、積立で投資信託を買う「つみたて投資枠」と、成長が見込める企業の株式などを買える「成長投資枠」があり、併用もできます。

大学生から「つみたて投資枠」を使って資産形成をスタートさせてはいかがでしょうか。

大学
8

この時期のアクション

- 日本学生支援機構の奨学金に採用された場合は、手続きを行う。
- 入学後に申し込める給付型奨学金を探して、対象になるなら応募する。
- 20歳の誕生日の前後に国民年金「基礎年金番号通知書」が届くので、年金保険料を納めるか、学生納付特例制度の申し込みを行う。親が払って節税する方法も。
- 就職に関する情報収集。

Column

子どもへの結婚資金などの援助

調査によれば、子どもの結婚式に資金援助をする親の割合は約7割。平均額は162万円だそうです。挙式、披露宴・ウエディングパーティの総額は、全国平均で303万8000円。

そもそも結婚式をするのか、するならどんな式にするかは、本人たちが考えて決めること。報告を受けて資金援助するかは、家計の状況にもよります。もう大人なのだから自分たちの収入や貯蓄で払ってねと言うこともできます。

結婚式はあくまでスタートであり、その後の時間の方がずっと長く、お金もかかります。

結婚する際は、新居の家具や家電の購入費もかかりますから、結婚後の生活の準備費用も含めた総額をもとに、結婚式の費用をいくら使うか判断するのが適切です。

親としては資金を援助したり、アドバイスしたりしたいところですが、見守ることに徹する方法もあります。

※結婚式のデータは、ゼクシィ「結婚トレンド調査2022」より

おわりに

私には2人の子どもがいます。年齢が一回り離れていて、2人目は超高齢出産でした。これが2度目で最後の子育てとの思いから、1人目ではできなかったことをやろう、子育てを楽しもうと決めました。

子どもを連れての外出など日常的なことから、小・中学校でのＰＴＡ役員の活動、子どもが入会した地域スポーツクラブの保護者としての運営などをなつかしく思い出します。

また、2人目を産む数年前にファイナンシャルプランナーの資格を取得したことから、子育て費用のコストパフォーマンスを上げることも目標にしました。

うまくいったものもありますが、コスパを上げたくても、払わざるを得ない費用や金額があることを実感しました。考えてみれば、当たり前ではありません。子どもは機械ではなく生身の人間なのですから。逆に言えば、コントロールできる費用はとことんコントロールすることが重要です。もらえる権利がある公的給付は満額受け取る、習い事の数、内容、費用は適切か。生活費全体もしっかり管理します。

そして、親の期待通りにはちっとも動いてくれないくせに、予想もしなかったことに能力を発揮するのも子どもなのだと子育てを通して学びました。親ゆえに見えていないこともあるんですね。

親子とはいえ別人格であることを認識し、子どもへのお金の使い方も、接し方も、少し引いて、客観的になることが重要ではないでしょうか。子どものためになると思って使ったお金が、子どもにとってはそれほどでもなく、もっと他のことに使って欲しかったかもしれません。

そうは言っても、堅苦しく考えることはありません。子どもが成長し、いずれ自立して生きていくには、子ども時代に学ぶべきことがたくさんあります。使った子育て費用が、そのために生きたなら成功といえます。そして何より、子どもと一緒に過ごす時間が楽しいことが子育ての醍醐味です。合理性と楽しさを両立させる子育てのお金の使い方をぜひ追求してみてください。

坂本綾子｜さかもと・あやこ

ファイナンシャルプランナー。

1988年よりマネー誌、女性誌にて家計管理や資産運用の取材記事を執筆。1000人以上に取材。99年ファイナンシャルプランナー資格取得。2010年ファイナンシャルプランナー坂本綾子事務所設立。現在は生活者向けの金融・経済記事の執筆、家計相談、セミナー講師なども行う。

著書に、ベストセラーの『節約・貯蓄・投資の前に 今さら聞けないお金の超基本』（朝日新聞出版）、『「投資をしたことがないけれど、このままで本当に大丈夫？」と思ったら読む　絶対に損をしないお金の増やし方』（CCCメディアハウス）などがある。

著者エージェント：アップルシードエージェンシー

※本書のデータは、2023年2月20日時点のものです。

子どもにかかるお金の超基本

2023年3月20日　初版印刷
2023年3月30日　初版発行

著　者	坂本綾子
発行者	小野寺優
発行所	株式会社河出書房新社 〒151-0051 東京都渋谷区千駄ヶ谷2-32-2 電話 03-3404-1201（営業） 03-3404-8611（編集） https://www.kawade.co.jp/
組版・装丁	松岡未来（ヤング荘）
印刷・製本	三松堂株式会社

Printed in Japan
ISBN978-4-309-29276-2

Memo

Memo

ライフイベント表

年	年齢			ライフイベント
	自分	配偶者	子ども	

※記入例は49ページ